Kostolanys Börsenweisheit

Das Buch

Das erfolgreiche Spekulieren an der Börse erfordert neben etwas Glück vor allem einen eigenen Kopf. Denn nur selten stimmt das, was einem Freunde und sogar Experten vorschlagen. Altmeister Kostolany verrät in diesem Buch knapp und verständlich, worauf es ankommt. Er beantwortet die Fragen, die ihm immer wieder gestellt wurden – und die auch Sie bestimmt beantwortet haben möchten, bevor Sie Ihren nächsten (oder ersten?) Einsatz an der Börse wagen.

Der Autor

André Kostolany, geboren 1906, bezeichnete sich selbstbewusst als Spekulant. Der gebürtige Ungar hatte einen amerikanischen Pass, lebte in Paris, München und an der Côte d'Azur. Bis zu seinem Tod im September 1999 hielt André Kostolany weltweit begehrte Vorträge und veröffentlichte zahlreiche Aufsätze und Bücher. Auch sein postum im Econ Verlag erschienenes Buch *Die Kunst über Geld nachzudenken* wurde ein Riesenerfolg.

In unserem Hause sind von André Kostolany als Taschenbuch bereits erschienen:

Kostolanys Bilanz der Zukunft
Der große Kostolany
Geld und Börse
Kostolanys Börsenpsychologie
Kostolanys beste Geldgeschichten
Kostolanys Börsenseminar
Weisheit eines Spekulanten

André Kostolany

Kostolanys Börsenweisheit

100 Tipps für Geldanleger

Econ Taschenbuch Verlag

Econ Taschenbuch Verlag 2000
Der Econ Taschenbuch Verlag ist ein Unternehmen der
Econ Ullstein List Verlag GmbH & Co. KG, München
Originalausgabe
2. Auflage 2000

Dieses Buch besteht aus Auszügen aus
André Kostolany: Kostolanys Börsenseminar, Econ Taschenbuch Verlag

Umschlagkonzept: Büro Meyer & Schmidt, München – Jorge Schmidt
Umschlaggestaltung: Init GmbH, Bielefeld
Titelabbildung: action press, Hamburg
Gesetzt aus der Garamond, Linotype
Satz: Josefine Urban – KompetenzCenter, Düsseldorf
Druck und Bindearbeiten: Ebner Ulm
Printed in Germany
ISBN 3-548-75029-X

Inhalt

Einführung

»Wenn du einen Freund hast, schenke ihm einen Fisch, aber wenn du ihn wirklich liebst, lehre ihn fischen!« Dieser chinesische Spruch ist meine Antwort, wenn man mich nach Tipps drängt. »Tipps« sind die »Fische«, die man selber fangen muss. Tipps, die man als Geschenke bekommt, sind Mundpropaganda, um Käufer zu werben für Papiere, die irgendeine Gruppe, ein Syndikat oder Finanzinstitut beim Publikum abladen will. Das mit Tipps ausgestattete Publikum kauft die Papiere und treibt den Kurs selber in die Höhe. Der steigende Kurs lockt neue Käufer an, und so ist die geplante Transaktion der Gruppe gelungen. Das ist in den meisten Fällen das Ziel der Tipps.

Will man erfolgreich sein, soll man den Tipps nicht nachlaufen, sondern man muss Ideen, Einfälle und Meinungen haben, das heißt souverän überlegen und die Tipps selber fangen, wie ein guter, erfahrener Angler die Fische fängt.

Unerlässlich ist, den Mechanismus der Auf- und Abwärtsbewegungen der Börse zu kennen, um entscheiden zu können, ob man kaufen, verkaufen oder nichts machen soll.

Meine Ratschläge basieren nicht auf grundlegenden Studien der Volkswirtschaft, sondern auf persönlichen Erfahrungen.

Das Wenige, was ich über Wirtschaft und Finanzen weiß, habe ich nicht an den Universitäten oder aus Fachbüchern, sondern im Dschungel gelernt. Bestimmt habe ich mehr Schulgeld bezahlt, als es mich in Harvard an der International Business School gekostet hätte.

Zu meiner Erfahrung von 70 Jahren trugen auch meine Kontakte bei, die ich in dieser langen Laufbahn zu 78 verschiedenen Börsen (Effekten- und Warenbörsen) und 73 Maklerfirmen aller Arten hatte.

Ich könnte heute nicht mehr ausrechnen, wie viele Transaktionen ich – mal mit Erfolg, mal mit Misserfolg – in all diesen Jahren vorgenommen habe.

Ich spekulierte auf kurze – manchmal auf 24 Stunden – und auf lange Sicht – sogar auf fünf Jahre. Seit 1924 bin ich nicht einen Abend zu Bett gegangen, ohne irgendein Börsenengagement zu haben und ohne nachdenken zu müssen, wie ich im gegebenen Moment handeln sollte.

Ich handelte »kassa« oder auf Termin (das heißt auf Kredit) Anleihen, Aktien, »bluechips«, aber auch Goldminen ohne Gold und Ölwerte ohne Öl, mündelsichere Werte und Aktien von Gesellschaften, die fast pleite waren. Ich handelte mit Optionen aller Art und in jede Richtung in einer Zeit, als man in Wall Street noch nicht einmal wusste, was Optionen sind, und in allen Waren, in denen man spekulieren kann.

Oft galt ich als Börsenguru, als unschlagbarer Experte. Trotzdem war ich einige Mal pleite, so pleite und in Schulden versunken, dass ich sogar Selbstmordgedanken hatte. Ich brauchte viel Courage, Pfiffigkeit, Energie, Ausdauer und natürlich auch Glück, um meine dramatischen Abenteuer überleben zu können. Man kann wohl sagen: Ein wirklicher Börsianer ist ein »Stehaufmännchen«.

Ich musste ja Kriege, große und kleine, Revolutionen, Bürgerkriege, Inflationen, Deflationen, Auf- und Abwertungen, Börseneuphorie und brutale Kursrückschläge erleben und konnte sie alle glücklicherweise auch überleben. Ja, es ist schwer, ein Börsianer zu sein.

Denn die Kurse kommen nicht immer so, wie man es erwartet. Der Teufel mischt immer mit, um den Menschen zu beweisen, dass es nicht so leicht ist, aus dem Nichts viel zu machen. Die Börse ist launisch und unberechenbar. Die

Ereignisse kommen und gehen. Es genügt nicht allein, sie vorauszusehen, man muss auch die Reaktion des Publikums erraten. Und das ist nicht so leicht!

Meine Absicht war, die Anatomie der Börse, meine Thesen und Methoden ganz einfach und unkompliziert (also nicht *ex cathedra*) zu erklären: Denn nichts ist vernünftiger und nützlicher, als auf klare kurze Fragen klare kurze Antworten zu geben.

Aus meinen Erfahrungen hatte ich meine Antworten geschmiedet, und ich brauchte nur die Fragen dazu. In den ca. hundert Seminaren (mit 15 000 Teilnehmern), in zahlreichen Vorträgen an Universitäten, bei Banken und Unternehmen (von der Bank of America über die Deutsche Bank bis zu Kreissparkassen, von IBM über DuPont, Nixdorf, Axel Springer bis zur Hundefutterfabrik) wurden mir von den Anwesenden Tausende von Fragen gestellt. Für dieses Buch griff ich auf solche Fragen zurück, die Sie mir bestimmt auch stellen würden.

Im Interesse der Klarheit achtete ich darauf, meine Analysen nicht unter den vielen Anekdoten und »Gschichterln« untertauchen zu lassen – zu denen ich immer neige und die auch in meinen vier vorherigen Büchern eine große Rolle spielen. Vielmehr wollte ich dem Leser zu Hilfe kommen und ihm sachlich raten, wie er sich in dem einen oder anderen Fall verhalten soll.

Es gibt Tausende von Variationen an Möglichkeiten, was alles an der Börse geschehen kann, aber es ist unmöglich, alle denkbaren Fälle zu analysieren. Und so serviere ich nicht die fertigen Gerichte, sondern die Kochrezepte, damit Sie selbst zubereiten können, was Ihnen gefällt.

Ich bin davon überzeugt, dass es Ihnen gelingen wird. Guten Appetit!

André Kostolany

Fragen und Antworten

Was ist die Börse, und wozu dient sie?

Die Börse ist ein Kapitalmarkt, der Treffpunkt (symbolisch gemeint) derjenigen, die ihr Geld in Wertpapieren anlegen oder aus diesen wieder Geld machen wollen.

Was sind Wertpapiere?

Wertpapiere sind, wie die Franzosen sie nennen, *valeurs mobilières* (bewegliche Werte) im Gegensatz zu Immobilien (d. h. unbewegliche Werte). Die Wertpapiere können in jeder Menge und zu jeder Zeit an der Börse gekauft und verkauft werden zu einem Preis, der in dem gegebenen Moment Angebot und Nachfrage entspricht.

Was zählt zu den mobilen Werten,
das heißt den Wertpapieren?

Alle Anleihen (auch Obligationen und Bonds genannt) oder Schuldverschreibungen der inländischen und ausländischen Regierungen, Kommunen und Länder sowie die Aktien der verschiedensten privaten Unternehmen von Bedeutung gehören dazu. Unter Aktien versteht man die Anteilscheine dieser Unternehmen, die Aktiengesellschaften genannt werden.

Man handelt auch Wandelanleihen, Optionsscheine und verschiedene andere Wertpapiere, die mehr oder weniger eine Mischung aus Aktien und Anleihen darstellen. Der Markt aller dieser Wertpapiere ist die Wertpapierbörse (manchmal Effektenbörse genannt).

Welche Rolle spielt die Börse?

Sie gibt den Sparern die Möglichkeit, Wertpapiere zu kaufen, wenn sie über überflüssiges Kapital verfügen, und sie zu verkaufen, wenn sie das Kapital wieder benötigen. Der Sparer kann schon bei der Gründung der Gesellschaft die Aktien erwerben (oder zeichnen). Möchte er es später tun, nachdem die Aktien schon im Publikum platziert sind, bleibt ihm nur der Weg zur Börse, ebenso für den Aktienbesitzer, wenn er sie veräußern will. Wertpapiere kann man nicht wie einen Gebrauchtwagen in der Lokalzeitung oder durch Plakate annoncieren. Etwa: Ich möchte 100 Siemens-Aktien kaufen oder 100 Daimler-Benz-Aktien verkaufen. Zu diesem Zweck steht dem Interessenten die Börse zur Verfügung.

Und wozu dienen die Aktien?

Alle Aktien eines Unternehmens zusammen bilden die Aktiengesellschaft (AG). Mit dem Ankauf stellen die Sparer den großen Unternehmen ihr Geld zur Verfügung. Ohne diese Gelder wären die großen wirtschaftlichen Abenteuer, ich könnte sagen, die ganze wirtschaftliche Entwicklung des 19. und 20. Jahrhunderts mit Eisenbahnen, Schifffahrt, Suezkanal, Erschließung von Minen und Ölquellen, die großen modernen Industrien wie Auto, Luftfahrt, Computer und Elektronik usw. in einer freien Marktwirtschaft nie möglich gewesen.

Sind die Verluste, die das Publikum durch fallende Kurse erleidet, schädlich für die Wirtschaft?

Nur bis zu einem gewissen Grad. In der Geschichte der Börsen folgten Börsenboom und Börsenkrach zwangsläufig aufeinander. Bei einem Krach bleiben Tausende von Sparern auf der Strecke, aber der größte Teil des Geldes, das in Aktien angelegt war, wurde zu den Unternehmen geleitet. In einem Boom entstehen viele neue Unternehmen, die dann nach einem Krach wieder verschwinden. Aber noch mehr von ihnen überleben und bleiben für die wirtschaftliche Entwicklung unentbehrlich. Dieses Phänomen tritt besonders häufig auf in den modernen, revolutionären Industrien, bei Innovationen und Entwicklungen, bei denen Neugründungen wie Pilze aus dem Boden schießen – dank der Spekulationen. Dieses Risiko muss man allerdings ins Kalkül ziehen.

Wer sind die Aktionäre?

Wie schon gesagt, besteht das Publikum aus all denen, die etwas oder viel flüssiges Geld zur Verfügung haben und dieses aus unterschiedlichen Motivationen in Wertpapieren anlegen möchten. Es gibt unter ihnen kleine, mittlere und große Sparer, das heißt Kapitalisten. Unter ihnen sind solche, die von einem Tag zum anderen einen Schnitt machen wollen und heißen Tipps nachjagen, also »spielen«. Daneben gibt es Spekulanten, die ihre Anlagen dynamisieren wollen, womit ich sagen will, dass sie ihre Wertpapiere von Zeit zu Zeit austauschen, je nach der Konjunktur und den Aussichten auf mittelfristige Kursschwankungen spekulieren.

Ich betone das Wort »spekulieren« und sage nicht »spielen«. Diese Spekulationen basieren auf verschiedenen Grundlagen: Zinsentwicklung, Wirtschafts- und Geldpolitik der Regierung, technische Faktoren usw.

Was nennen Sie mittelfristig?

Ein bis drei, eventuell bis fünf Jahre.

Und langfristig?

Der langfristige Anleger ist bereit, Wertpapiere jahrelang zu behalten und sehr oft über längere Zeit die Kurse zu verfolgen. Seine Motivation bezieht sich auf einen Zeitraum von vielen Jahren, und seine Motivation ist die Hoffnung auf das permanente Wachstum des Unternehmens. Die Aktionäre von IBM, die Ausdauer über viele Jahre hatten, haben ihr Einsatzkapital mehr als verhundertfacht.

Was sind die entscheidenden Faktoren für die kurzfristige Börsentendenz?

Auf kurze Sicht hat die Wirtschaftslage oder die Qualität eines Unternehmens gar keinen Einfluss auf die Kurse. Umso mehr jedoch die Tagesereignisse, Kurznachrichten usw. und sogar Klatsch, da viele Spieler auf diesen Ereignissen Schlüsse für die weitere Entwicklung ziehen. Diese Folgerungen sind aber meistens falsch oder irreführend, da sie vollkommen unberechenbar sind. Nicht die tatsächlichen Ereignisse selbst, sondern die psychologische Reaktion des Publikums auf diese Ereignisse beeinflusst die Kurse.

Ein außerordentlich typisches Beispiel: 1939, nach dem Münchener Vertrag und der Zerstückelung der Tschechoslowakei, waren die europäischen Börsen in guter Stimmung, da Hitler der Welt tausend Jahre Frieden versprochen hatte. Der deutsche Führer erklärte sich mit dem Münchener Vertrag zufrieden. Der englische Premier Chamberlain erklärte im Unterhaus nach dem aggressiven Vorwurf eines Parlamentsmitgliedes wegen Verrats an der Tschechoslowakei, er hätte keinen Grund, an »Herrn Hitlers« Versprechen zu zweifeln, dass nun der Friede gesichert sei. Es war also kein Wunder, dass eine gute Atmosphäre an den Börsen herrschte – einschließlich der Pariser. Dann kam aber die große Überraschung vom 15. März 1939, als Hitlers Truppen die noch existierende kleine Tschechoslowakei mit Prag besetzten. Groß war die Konsternation in der ganzen Welt. Premier Chamberlain kam wieder vors Unterhaus und erklärte, diesmal mit einer Grabesstimme, dass er tief betrübt sei, da Herr Hitler sein Wort gebrochen habe. Er erklärte ebenfalls ganz klar und mit scharfer Betonung, dass für den Fall, dass Herr Hitler Danzig oder Polen angreifen würde, Großbritannien mit all seinen Kräften und *manu militari* den Angegriffenen zu Hilfe kommen würde. Das war eine schwerwiegende Deklaration. Darauf haben sich natürlich alle europäischen Börsen abgeschwächt. Die große Hoffnung auf tausend Jahre Frieden war zerstört. Und die abbröckelnde Tendenz hielt Monate an. Die Kriegsangst wurde immer größer. Es war ja auch klar, dass die Leute Angst hatten, ihre Wertpapierdepots langsam veräußerten und sich eher Bargeld für alle Eventualitäten in Reserve hielten. Eine sehr leicht verständliche und logische Reaktion.

Eine selbstverständliche Frage wäre nun, wer denn in einem solchen Moment die Käufer sind. Wie schon gesagt, gibt es an einer großen Börse immer Käufer und Verkäufer. Gekauft haben natürlich an erster Stelle die Optimisten, die überzeugt waren, dass es nicht zum Krieg kommen und Hitler einen Rückzieher machen würde. Dann gab es solche, die der Meinung waren, dass ein Krieg, falls er doch ausbrechen sollte, nicht lange dauern könnte. Deutschland sei wirtschaftlich sehr geschwächt, Hitler ein großer Bluff, und nach einigen Monaten Krieg müsste er um Frieden bitten. Dann gab es wieder andere, die der Ansicht waren, dass die Kurse schon sowieso so tief wären, dass man – Krieg oder nicht Krieg – kaufen müsste. Dies waren natürlich auch die institutionellen Anleger, die ihr Bargeld unterbringen mussten, besonders da die Kurse ihnen so günstig schienen. Andere Gesellschaften dagegen verfügten auch über Liquidität und kauften bei diesen tiefen Preisen ihre Aktien zurück. Die Kurse rutschten also langsam in die Tiefe. Bei jeder Drohung Hitlers fielen die Kurse noch mehr, besonders nach dem 23. August, als die Außenminister Molotow und von Ribbentrop den deutsch-russischen Pakt unterschrieben. Viele empfanden, dass damit das Schicksal Europas besiegelt sei, weil die beiden Parteien, jetzt schon Verbündete, Polen unter sich aufteilen wollten. Der Krieg schien *ante portas*. Die Börse fiel noch weiter. Man dachte bereits an alles Schlechte, was im Kriegsfalle kommen würde: die Börse geschlossen, die Banken ebenfalls, Moratorium für alle Zahlungen usw. Jedenfalls musste man wirklich große Courage haben, um französische Aktien zu kaufen. Nicht nur die Pariser, sondern auch die New Yorker und Londoner Börse waren sehr schwach. Ich selber war auch auf alles Schlimme gefasst. Konnte man sich etwas Schrecklicheres vorstellen als Krieg? Und da kam nach äußerst nervösen Tagen am 1. September der Angriff auf Polen und Danzig und am 3. September die Kriegserklärung seitens Frankreichs und Englands an die deutsche Regierung. Doch da gab es für uns Börsianer und Geldmanager die große Überraschung: Die Banken schlossen nicht, es gab kein Moratorium, die Börse war nicht zu, nicht einmal die Devisenbörse, es wurde keine Devisenzwangswirtschaft verordnet. Und die größte aller Überraschungen – unfasslich: Die Börsentendenz drehte sich, und die Kurse stiegen raketenhaft in die Höhe. Wer hätte sich das vorstellen können, eine stürmisch steigende Börse als Reaktion auf Kriegsausbruch? Und was war die Erklärung?

Es gab verschiedene Begründungen: einmal die technische Verfassung des Marktes und das Phänomen *Fait accompli*, worauf ich später zurückkommen werde. Es gibt auch eine sachliche Erklärung, die ganz logisch klingt. Das Publikum war monatelang ängstlich und wollte Bargeld hamstern. Nun aber begann ein neues Kapitel. Es war Krieg, ein Krieg mit allen wirtschaftlichen Folgen. Krieg bedeutete für das Publikum nach seiner Erfahrung Inflation. Inflation, Geldentwertung, erinnerte an den Ersten Weltkrieg. Man wollte also das Bargeld in Sachwerte eintauschen – und so schnell wie möglich. Immobilien kann man nicht auf die Schnelle kaufen. Es lag also auf der Hand, Aktien zu kaufen. Das war in den Augen der Menschen besser als Bargeld. Und diese raketenartige Aufwärtsbewegung dauerte, bis die erste deutsche Offensive gegen Holland anfing. Dann brach die ganze Börsenhausse zusammen. Plötzlich wurde Publikum und den Börsenspielern bewusst, dass der heiße Krieg anfing. Diese dramatische Abwärtsbewegung dauerte dann bis Mitte Juni, als die deutschen Truppen auch Paris besetzten. Dann wurde die Börse doch geschlossen und aus dem besetzten Paris nach Vichy im unbesetzten Teil Frankreichs transferiert. Das war aber natürlich nur der Schatten einer Börse mit minimalen Umsätzen und mit einem Bruchteil der vorherigen Kurse. Das ist die Börse! Sie reagiert unberechenbar, hysterisch und scheinbar gegen jede Logik, speziell gegen die Alltagslogik, die jedoch mit der Börsenlogik identisch ist.

Was sind die entscheidenden Faktoren für eine mittelfristige Börsentendenz?

Der Zins und die Liquidität auf dem Kapitalmarkt haben erheblichen Einfluss darauf, ob in den kommenden Monaten – also mittelfristig – das Angebot oder die Nachfrage in Aktien stärker wird. Der Zins, speziell der langfristige Zins hat einen direkten Einfluss auf den Anleihenmarkt. Wenn die Rendite der Anleihen kleiner wird, kommen mehr flüssige Mittel auf den Aktienmarkt, aber diese Zinswirkung auf die Aktien macht sich erst nach einer gewissen Zeit bemerkbar. Einem Rückschlag auf dem Anlegermarkt wird ganz sicher auch in etwa sechs bis zwölf Monaten ein Sturz der Aktienkurse folgen. Wenn dieser auch durch eine euphorische Atmosphäre eine ganze Weile zurückgeten würde, so kommt er trotzdem plötzlich und unerwartet wie ein Blitz aus heiterem Himmel. Wie lange die Zeitspanne zwischen dem Sturz des Anleihen- und des Aktienmarktes dauert, ist nicht im Voraus feststellbar, da so viele verschiedene Faktoren mitspielen. Der wichtigste Faktor ist die technische Verfassung des Marktes.

Und für die langfristige Börsentendenz?

Die Psychologie des Anlegerpublikums ist auf lange Sicht nicht entscheidend. Wer will heute schon die Ängste, Hoffnungen, Vorurteile sowie Reaktionen auf innen- und außenpolitische Ereignisse von kommenden Jahren vorhersehen? Nichtsdestoweniger kann in gewissen Dingen eine tief liegende psychologische Einstellung des Publikums einen Markt jahrelang beeinflussen, wie zum Beispiel der Enthusiasmus gegenüber dem Gold, der jahrelang andauerte.

Die Zinsentwicklung ist auf lange Sicht hin auch unvorhersehbar. Man glaubt zwar und behauptet oft sogar, dass der Vorsitzende der Federal Reserve Bank der Diktator der Zinsen in Amerika sei. Das stimmt zwar in gewisser Hinsicht. Aber auch er weiß nicht, wie er in drei Monaten die Zinsen diktieren wird, da er selber noch nicht weiß, wie sich die Lage in drei Monaten entwickeln wird, welche Ereignisse eintreffen werden, die ihn dazu veranlassen, die Zinsen zu senken oder zu erhöhen. Er kann nicht auf mehrere Monate das Verhalten des Anlagepublikums, der Unternehmer sowie der Verbraucher vorhersehen, abgesehen von allen Imponderabilien wie eine eventuelle Spannung oder große Überraschungen in der Außen- und Innenpolitik. Sollte sich wieder eine inflatorische Psychose entwickeln, wird er die Zinsen erhöhen. Sollten die Unternehmer in ihren Investitionen Zurückhaltung üben und auch das allgemeine Geschäftsleben sich in einer dauernden Flaute befinden, dann wird er die Zinsen senken.

Die Zinsentwicklung bleibt aber der wichtigste Einflussfaktor auf die Börsentendenz. Die soziale Lage, der Arbeitsmarkt, neue Handelsverträge mit dem Ausland, monetäre Ereignisse in den anderen Ländern, alles hat eine Wirkung auf das Handeln der Federal Reserve Bank. Es genügt nicht die Beobachtung des Anlagepublikums für eine gewisse Zeit. Man müsste auch einschätzen können, wie es nach dieser Zeit die weitere Entwicklung beurteilen wird. Kurz, Voraussagen wären die Vorwegnahme im Quadrat, das heißt die Vorwegnahme der Vorwegnahme. Nicht einmal der Vorsitzende des Federal Reserve Systems kann auf all diese Fragen eine präzise Voraussage machen. Viel mehr als ein Diktator ist er ein Steuermann, der sein Schiff sicher zwischen Inflation und Deflation, Krise und Hochkonjunktur, Optimismus und Pessimismus hindurchsteuern muss. In der langfristigen Einschätzung spielen die Entwicklung der Wirtschaft, der Branchen und der einzelnen Unternehmen, ihre Chancen, ihre zukünftigen Gewinne, ihr Wachstum eine entscheidende Rolle.

Wird die Börse durch die immer perfektere Medientechnik transparenter?

Die Transparenz wird größer, doch die Schlussfolgerungen, die ein jeder für sich ziehen muss, werden nicht erfolgreicher. Nur für den würden die blitzschnellen Informationen ein unschätzbares Kapital darstellen, der allein darüber verfügt. Informationen, Nachrichten über Ereignisse, die alle Börsenteilnehmer kennen, sind völlig wertlos – und das ist ja heute meist der Fall. Ich sage immer: »Was schon jeder weiß, macht mich nicht heiß.« Wichtig ist, die Nachrichten zu interpretieren, und dies fällt öfter falsch als richtig aus. Die falsche Interpretation der Nachrichten ist das Gefährlichste.

Worin unterscheidet sich Spiel von Spekulation?

Der Spieler hat keine tief liegenden Motivationen, er möchte, wie schon erwähnt, einen schnellen Schnitt machen, von heute auf morgen, maximal in einigen Tagen oder in einigen Wochen. Er denkt und handelt auf ganz kurze Sicht. Er folgt schnell Tipps, die herumgeflüstert werden, begnügt sich mit kleinen Gewinnen, lässt die Chancen von eventuell steigenden Kursen außer Acht und handelt wie ein Spieler im Roulettesaal, der von einem Tisch zum anderen rennt, um ein paar Münzen zu gewinnen, indem er auf Rot oder Schwarz setzt. Er handelt nicht intellektuell, sondern emotionell.

Die Spieler schwimmen mit der Masse. Sie können sich der vorherrschenden Stimmung nicht entziehen, da sie ja selber ein Molekül der Masse sind. Sie kaufen, weil ihr Nachbar kauft, und dieser kauft wiederum, weil sein Nachbar kauft, und auch umgekehrt: Er verkauft, weil der Nachbar verkauft. Solche Spieler machen 90 Prozent des Börsenpublikums aus. Sie bilden die Masse, deren psychologische Reaktionen etwas ganz anderes sind als die Überlegungen der Spekulanten.

Sie zu analysieren ist eher die Aufgabe eines Fachmannes, der in der Massenpsychologie spezialisiert ist, als die eines Volkswirtes. Wenn man hundert besonders intelligente Menschen in einem Raum einschließt, dann wird diese Masse nicht intelligent, sondern irrational reagieren. Wenn in einem voll besetzten, dunklen Kino einer laut schreit: »Feuer!«, dann wird eine Panik ausbrechen, in der Leute verwundet oder sogar zu Tode getrampelt werden, obwohl nicht einmal ein Streichholz gebrannt hat. Und so geschieht es auch an der Börse: Wenn zu viele Spieler auf die Hausse spekulieren und mit Aktien übersättigt sind, läuft die massenpsychologische Wirkung in entgegengesetzter Richtung genauso. Sir Isaac Newton, der berühmte Physiker, der ein leidenschaftlicher Börsenspieler war und sein ganzes Vermögen in dem Londoner South-Sea-Bubble-Krach verloren hat, kennzeichnete am besten die massenpsychologischen Phänomene: »Ich kann die Bahn der Himmelskörper auf Zentimeter und Sekunden berechnen, aber nicht, wohin die verrückte Menge einen Börsenkurs treiben kann.«

Was halten Sie von Tipps?

Meine Einstellung Tipps gegenüber ist sehr negativ. Hände weg davon! 90 Prozent der Tipps sind nichts anderes als Promotion oder sogar Manipulation. Irgendeine Finanzgruppe, ein Syndikat oder Geldinstitut versucht, dem Publikum gewisse Papiere anzudrehen, verbreitet durch die Presse, durch Mund-zu-Mund-Propaganda und durch immer höher manipulierte Kurse eine günstige Stimmung für das Papier, damit das Publikum anbeißt. Durch den Kauf steigen die Kurse weiter. Es kommen mehr und mehr Käufer dazu, denn, wie schon gesagt: Nichts ist einfacher, als dem Publikum Papiere zu verkaufen, die laufend in die Höhe klettern. Im alten Wien nannte man das »Hasenhaarschneiderei«. Dieses Publikum ist leicht zu manipulieren, und solche Manipulationen gibt es, seit Börsen überhaupt bestehen. An der ältesten organisierten Börse in Amsterdam war solches Vorgehen schon im 17. Jahrhundert an der Tagesordnung: Man lockt die Hasen ins Haus und schneidet ihnen dann ihre Haare.

Sind die Spieler oder die Spekulanten in der Vergangenheit erfolgreicher gewesen?

Ich behaupte, dass die Spekulanten zweifelsohne mit Abstand erfolgreicher waren. Es gibt zwar eine Armada von kleinen und großen Spielern – wie gesagt, 90 Prozent der Börsenteilnehmer –, aber ihre Erfolge bleiben sehr begrenzt. Schon weil die Spieler nie gegen den Konsensus handeln können. Man sprach im alten Wien von »jungen Börsianern, alten Schnorrern«. Ein guter Spekulant geht auch gegen den Konsensus, wenn er dafür Argumente und Motivationen hat. Ich behaupte nicht, dass jeder Spekulant immer gegen die allgemeine Meinung geht, denn auch unter den Spekulanten ist die Zahl jener, die dazu fähig sind, sehr gering. Ich schätze sie auf maximal 10 Prozent der Teilnehmer, denn es ist besonders schwer, sich der vorherrschenden Stimmung zu entziehen.

Welche Eigenschaften sollte ein guter Spekulant haben?

Scharfsinn, Intuition, Phantasie.

Scharfsinn: heißt, die Zusammenhänge zu verstehen, das Logische vom Unlogischen zu unterscheiden.

Intuition: ist eigentlich nichts anderes als unterbewusste Logik, die ein Produkt langjähriger Börsen- und Lebenserfahrung ist.

Phantasie: lässt einen mit allem rechnen, was möglich ist – mit allem Guten und allem Schlechten.

Man muss aber auch Selbstkontrolle besitzen und Elastizität, um zuzugeben, – und sogar oft –, dass man sich geirrt hat und die Überlegung falsch war. In dem Fall muss man natürlich sofort die Konsequenzen ziehen.

Der gute Spekulant muss auch Geduld und Nerven haben, bis sich seine Vorstellungen verwirklichen. Er soll nach jedem Erfolg und Misserfolg überlegen, welchen Ereignissen er dieses Ergebnis zu verdanken hat. Wenn er Erfolg hat, darf er sich nicht übernehmen, sondern muss demütig bleiben und sich sagen, dass auch Glück dabei war. Aber bestimmt darf er mit seinem Erfolg nicht protzen, denn, wie viele alte Börsianer behaupten: An der Börse gemachtes Geld ist nur geliehenes Geld, das man bei der nächsten Gelegenheit wieder mit hohen Zinsen zurückzahlen muss. Die Börse ist ein großer Wucherer. Erfolg oder Misserfolg – der Spekulant muss auf jeden Fall daraus lernen.

Was sind die schlechtesten Eigenschaften des Spekulanten?

Wie Elastizität eine gute Eigenschaft ist, um aus Misserfolgen eine richtige Konsequenz zu ziehen, sind Sturheit und Hartnäckigkeit die schlechteste. Überzeugung muss man schon haben, aber im gegebenen Moment, wenn man seinen Irrtum entdeckt hat, konsequent sein und aus dem Boot springen. Unter Irrtum verstehe ich nicht den Rückgang einer für 100 gekauften Aktie auf 90, sondern wenn man einen Fehler im Aufbau der Argumente entdeckt hat oder das Eintreffen eines dramatischen unerwarteten Ereignisses bemerkt; deswegen zieht ein guter Spekulant die Unwägbarkeiten in sein Kalkül ein.

Wie soll ein Spekulant sich verhalten?

Die Spekulation ist eine Art von Philosophie, ständig die Pros und Kontras abzuwägen und eventuell (ich betone, eventuell und nicht sicher) die richtigen Schlüsse zu ziehen. Ein mathematisches Gehirn ist für Börsenspekulation auch geeignet, aber nicht, weil die Börse etwa auf Mathematik aufgebaut wäre, sondern weil Mathematik sicher ein Training zum logischen Denken ist. Volkswirtschaft, Betriebswirtschaft und Technik sind die größten Feinde der Börsenlogik, die mit der Alltagslogik nicht identisch ist. Was an der Börse logisch ist, scheint dem Normalverbraucher oft unlogisch zu sein.

Ein Betriebswirt spielt gewiss bei der Analyse eines Unternehmens eine Rolle, das heißt bei der Analyse einer Bilanz. Aber Bilanzen sind sowieso meist falsch, gefälscht oder mindestens frisiert, und wenn sie auch ehrlich und richtig wären, sind sie *tempi passati*. Die Papiere steigen und fallen nicht, weil sie gut oder schlecht sind, sondern weil sie aufgrund gewisser Voraussetzungen und Konstellationen gut oder schlecht werden können. Oft muss man eine Aktie gerade aufgrund einer schlechten Bilanz kaufen, wenn Hinweise darauf vorhanden sind, dass die Entwicklung in eine günstige Richtung umkippen wird oder kann. Wer, der mit der Alltagslogik denkt, würde denn schon eine Fast-Pleiteaktie kaufen? Bei keiner Aktie kann man solche Gewinne machen wie bei den Aktien von Unternehmen, die vor einer Umkehrsituation stehen (*turn-around*); denn die Marge zwischen Pleite und Solvenz eines Unternehmens ist viel größer als die zwischen einer guten Lage und einer besseren. Das Gleiche gilt für die Aktien des Unternehmens. Wenn ein

Unternehmen, das fast pleite ist, zum Schluss doch nicht Konkurs macht, steigen seine Aktien auf das Vielfache. Wenn es einer gesunden Gesellschaft nach guten Jahren noch besser geht, wird sich das in den Kursen weniger widerspiegeln.

Große Profite kann man auch mit *notleidenden Anleihen* (das können Staats-, Stadt- oder Unternehmensschulden sein) machen, die durch eine Umkehrsituation wieder zahlungsfähig werden. Ich könnte kein besseres Beispiel nennen als die gesamten deutschen Auslandsanleihen, die Schuldverschreibungen von deutschen Städten, Ländern usw., die vor dem Krieg in den verschiedensten Währungen wie Dollar, Pfund, Schweizer Franken, holländischen Gulden, französischen Francs usw. herausgebracht wurden und die dann nach dem Londoner Schuldenabkommen 1952/53 100-prozentig mit fünf Jahren Rückständigkeitszinsen zurückgezahlt wurden. Die Younganleihen französischer *Tranche* in französischen Francs wurden von der Adenauer-Regierung sogar nicht in französischen Francs, sondern in Dollar *revalorisiert* zurückgezahlt. Kurz und gut, die Anleihe für 1000 Franc *nominale*, die ich an der Pariser Börse 1947 für 250 Franc kaufen konnte, wurde nach dem Schuldenabkommen drei Jahre später mit 35 000 Franc zurückgezahlt; das war auch der größte Koeffizient, den ich in meinem Börsianerleben erreichen konnte.

Man musste doch schon viel Phantasie haben und in die weite Zukunft schauen können, um die Courage aufzubringen, in einem Moment, da die neue Bundesrepublik am Boden lag und über keinerlei Devisen verfügte, ihre Schuldverschreibungen in Dollar, Franc etc. zu kaufen. Als ich sie gekauft hatte, war die Hoffnung sehr klein, dass die Bundesrepublik diese Verpflichtungen eines Tages honorieren könnte. Aber das ist halt die Börse, und spekulieren heißt, gewisse Dinge auf Jahre vorherzusehen.

Nennen Sie mir bitte ein Beispiel, wie ein scheinbar unlogisches Argument an der Börse doch logisch sein kann.

Man könnte glauben, dass ein großer wirtschaftlicher Aufschwung zwangsläufig auch für die Börsenkurse günstig wäre. Falsch! Ein Wirtschaftsboom nimmt viel Kapital für direkte Investitionen in Anspruch und saugt einen großen Teil der Spargelder auf. Es bleibt weniger für die Anlagen in Wertpapieren übrig. Die Banken kommen den Kreditnachfragen schwer nach, umso mehr, als die Notenbank die Zinsen erhöht, um eine eventuelle inflatorische Wirkung des Booms zu bremsen.

Die günstigen Folgen der Wirtschaftseuphorie wirken sich erst später aus. Wenn dann die Hochkonjunktur unter dem Druck der hohen Zinsen nachlässt, werden viele geplante Investitionen verschoben. Auf einmal gibt es mehr flüssiges Geld in den Banken, und die Zinsen gehen zurück. Die Notenbank muss auch nicht mehr bremsen, die Aktien können steigen. Umso mehr, als die vorher getätigten neuen Investitionen mit höheren Gewinnen die Früchte bringen. So kommt es vor, dass trotz einer besonders blühenden Wirtschaft mit steigenden Erträgen die Börsenkurse erst fallen können, bevor sich die günstigen Auswirkungen in ihnen widerspiegeln.

Und wie ist es in einer Krise?

Umgekehrt ist es genauso logisch. In einer Rezession fängt die Börse an zu steigen, weil bei flauer Geschäfts- und Investitionslage das zur Verfügung stehende Kapital und die Geldmenge nur teilweise gebraucht werden. Das Geld liegt in den Banken, und es wird ihm langweilig. Man kann es zwar aufs Sparkonto legen, aber die Zinsen sind eventuell noch tiefer als der Ertrag oder die Dividenden der Aktien. In einer Wirtschaftskonjunktur dagegen kommen viele neue Aktien auf den Markt – teilweise wegen Kapitalerhöhungen oder Neugründungen – und diese bilden eine gefährliche Konkurrenz für die alten, schon an der Börse gehandelten Aktien. Es ist ein wenig wie auf dem Gebrauchtwagenmarkt: Wenn dank der großen Nachfrage die Autofabriken erst nach langen Wartezeiten liefern können, steigen die Preise der Gebrauchtwagen manchmal sogar höher als die der neuen. Wenn dagegen die Fabriken mit großer Werbung günstige Angebote machen, manchmal mit Rabatten oder Geschenken, dann liegt der Gebrauchtwagenmarkt am Boden.

Und was ist das Fazit?

Man muss antizyklisch handeln und auf die allgemeine Meinung des Börsenpublikums keine Rücksicht nehmen.

Welche Faktoren sind außer der Stimmung noch entscheidend für die Börsentendenz?

Damit die Börse steigt, müssen die beiden wichtigsten Faktoren, Liquidität und Stimmung des Anlagepublikums, positiv sein. Wenn das Publikum fähig und willens ist, Papiere zu kaufen, steigt die Börse. Wenn die Sparer knapp an Geld und unwillig sind, die Aktien zu kaufen, fällt die Börse. Oft kommt es vor, dass der eine Faktor positiv, der andere negativ ist. Dann wird es zu keinen größeren Bewegungen, sondern nur zu kleineren Schwankungen kommen. Das wäre ein idealer Markt für viele Tagesspieler, die von einem Tag auf den anderen handeln wollen, herauf, herunter, herauf, herunter. Und das würde so gehen, bis beide Faktoren positiv oder negativ sind. Werden beide positiv, entsteht eine Aufwärtsbewegung, sogar eine Euphorie: himmelhochjauchzend. Wenn beide sich negativ entwickeln, kommt der dramatische Rückschlag, die Panik: zu Tode betrübt. Liquidität und Stimmung können sich auch gegenseitig beeinflussen: Fallende Zinsen können die Stimmung verbessern, und umgekehrt kann eine schlechte Stimmung die Liquidität verknappen. So kann zum Beispiel die Angst vor einer politischen Weltkrise oder vor Spannungen den Anleihemarkt negativ beeinflussen, weil die Interessenten keine langfristigen Anlagen machen, sondern die Anleihen eher verkaufen wollen. Dann steigen die Zinsen als Folgen der Angst. Die größere Rolle kommt aber immer der Liquidität zu, und die können wir Börsianer eher verfolgen; denn die Zinspolitik der Regierung ist ja öffentlich bekannt (jedenfalls auf kurze Sicht). Absolut unberechenbar ist dagegen die psychologische Lage.

Kann ein Spekulant von der Dummheit anderer profitieren?

Absolut, denn von der Dummheit der anderen kann der Spekulant oft mehr profitieren als von seiner eigenen Klugheit. Man kann auch von einem Dummkopf etwas lernen, besonders, was man nicht tun soll.

Wo ziehen Sie die Liquidität in Ihr Kalkül ein?

Wie gesagt: Die führende Rolle kommt immer der Liquidität zu, weil die Psychologie des Publikums flatterhaft ist. Sie kann in einer Sekunde von einem Extrem ins andere fallen. Die Entwicklung der Liquidität kann man jedoch – zumindest für einige Zeit, aber nicht auf lange Sicht – verfolgen. Es gibt Entscheidungen der Notenbanken und Zeichen in der Kreditpolitik der Großbanken, aus denen man manche Schlüsse ziehen kann. Ohne Liquidität kann die Börse nicht steigen. Sie ist derselben Ansicht, wie die Zigeunermusikanten im alten Ungarn es waren, wenn sie immer wiederholten: »Kein Geld – keine Musik!« Das Geld ist die Musik oder der Brennstoff der Börse.

Am besten könnte ich die Beziehung zwischen der Börse und dem Kapitalmarkt mit folgendem Beispiel illustrieren: Stellen Sie sich eine große und eine kleine Wanne nebeneinander vor; die große ist der gesamtwirtschaftliche Geldtopf, die kleine die Börse. Fließt viel Wasser in die große Wanne dank der Kreditpolitik, der Sparaufkommen, der Devisenzuflüsse, der Handelsbilanz und des Kapitalstroms aus dem Ausland usw., und fließt es parallel dazu nur langsam ab wegen des geringeren Kapitalbedarfs der Industrie, der öffentlichen und privaten Haushalte und niedrigerer Steuern, dann steigt der Wasserspiegel in der großen Wanne. Wenn das Wasser überläuft, fließt es in die kleine Wanne, die Börse, und treibt die Kurse in die Höhe. Das war der Fall auch in der Bundesrepublik in den letzten drei Jahren.

Umgekehrt aber: Wenn das Wasser aus der großen Wanne schneller abgezapft wird, als es hereinfließt, dann bleibt für die kleine Wanne, die Börse, nichts übrig, und die Kurse fallen. Daher muss man den Wasserstand in der großen Wanne ständig verfolgen.

Gibt es keine anderen Voraussetzungen oder Einflussfaktoren für die Börsentendenz?

Oh doch! Eine besonders wichtige Bedingung für das kommende Steigen oder Fallen ist die technische Verfassung des Marktes. Unter der technischen Verfassung des Marktes verstehe ich den Umstand, ob die große Masse der Papiere – nach einer langen Periode des Steigens oder Fallens – sich schon in den Händen der Hartgesottenen oder der Zittrigen befindet.

Was verstehen Sie denn unter den »Zittrigen« und »Hartgesottenen«?

Das ist meine ganz persönliche und spezielle Definition; vielleicht unverständlich für viele, aber ich halte mich daran: Der »Hartgesottene« besitzt die vier Gs – *Gedanken, Geduld, Geld* und natürlich auch *Glück* (das versteht sich von selbst).

Gedanken: Das heißt, dass der Interessent Vorstellungen haben muss, Ideen und eine Überzeugung. Er muss auch Geduld haben, das heißt gute Nerven, und nicht sofort die Flinte ins Korn werfen, wenn das Papier, das er für 100 gekauft hat, auf 80 zurückgeht oder das Halten des Papieres ihm zu langweilig wird. Seine Überzeugung war ja, dass das Papier viel höher steigen muss. Wenn seine Diagnose den Rückgang jetzt nur auf einen unwesentlichen Grund zurückführt, muss er bei 80 sogar zukaufen; denn wenn er den Kurs von 100 schon als günstig beurteilt hatte, muss er ja den Kurs von 80 noch besser finden.

Aber er muss natürlich auch genügend Geld haben, um durchhalten zu können. Unter Geld verstehe ich nicht einen absolut großen, sondern nur einen relativ großen Betrag. Wenn der kleine Sparer, der 10 000 DM besitzt, nur für 6 000 DM Papiere kauft, hat er »Geld«; wenn ein Multimillionär 10 Millionen DM besitzt, für 30 Millionen Papiere kauft und 20 Millionen schuldig bleibt, dann hat er nicht genügend Geld (er hat überhaupt kein Geld, nur einen »Saldo«), um geduldig zu bleiben; denn wenn seine Papiere nur etwas zurückgehen, muss er seinem Gläubiger weitere Deckung geben, und wenn er es nicht kann, wird der Gläubiger, das heißt die Bank oder der Broker, die Papiere veräußern, auch wenn er Geduld hätte. Dem kleinen Sparer, der mehr Geld besitzt, als er Papiere gekauft hat, kann das nicht passieren.

Der »Zittrige« ist derjenige, dem eines der ersten drei Gs fehlt. Wenn er kein Geld hat, genügt es nicht, Geduld zu haben. Aber Geduld wird ihm auch fehlen, wenn er zwar Geld, aber keine Überzeugung – keine Gedanken – besitzt. Und wenn er Geld und Überzeugung hat, aber keine Geduld, dann wird er auch nicht durchhalten können.

Natürlich gibt es Schattierungen zwischen den »Zittrigen« und den »Hartgesottenen«. Man kann weniger oder mehr hartgesotten und weniger oder mehr zittrig sein. Aus einem Hartgesottenen kann auch allmählich ein Zittriger werden, aber aus einem Zittrigen wird nur sehr selten ein Hartgesottener, höchstens nach einer sehr, sehr langen Trainingsperiode.

Wenn sich die Papiere also in großem Umfang in starken Händen, in den Tresorschränken oder voll bezahlten Depots befinden, bezeichne ich den Markt als »überverkauft« (englisch: *oversold*). Wenn sich dagegen große Mengen von Papieren in den Händen der Zittrigen befinden und sogar noch mit Schulden belastet sind, dann nenne ich den Markt »übergekauft« (englisch: *overbought*).

Welche Folgen hat ein »übergekaufter« Markt?

Ein »übergekaufter«, mit Krediten belasteter Markt ist außerordentlich gefährlich, und es besteht sogar das große Risiko, dass er jeden Moment zusammenbrechen kann, selbst wenn dazu gar kein sachlicher Anlass besteht. Das ist der typische »Milchmädchenmarkt«: eine große Zahl von unerfahrenen, zittrigen Aktienbesitzern, die nur von der Stimmung angesteckt werden und schnell noch auf den fahrenden Zug springen wollten. Abgesehen davon, dass sie keine Erfahrung und keine Nerven haben, hätten sie es sich auch aus ihrer finanziellen Situation heraus nicht erlauben können, Aktien zu kaufen. Sie haben vielleicht dazu auch Gelder verwendet, die sie für andere Zwecke in Reserve hätten halten müssen, geschweige denn, dass sie auf Kredit gekauft haben.

Und wie steht es mit dem »überverkauften« Markt?

Wenn die Papiere in großen Quantitäten in den Tresorschränken der Hartgesottenen ruhen, dann kann der überverkaufte Markt sogar bei schlechten Nachrichten steigen. Wenn dann noch irgendeine gute Nachricht eintreffen sollte, auch die kleinste gute Nachricht, wird der Markt raketenartig in die Höhe steigen. Je mehr Papiere schon in den Händen der Hartgesottenen sind, umso heftiger wird die Explosion sein.

Es gibt noch einen Faktor, der den überverkauften Markt noch »überverkaufter« macht: wenn viele *Baissiers* auf dem Markt aktiv waren und vorher große *Leerverkäufe* stattgefunden hatten.

Wie kann man feststellen, ob der Markt »übergekauft« oder »überverkauft« ist?

Dafür gibt es Prämissen und Symptome. Man muss in die Diagnose auch einbeziehen, wie sich die Umsätze in den vergangenen Monaten und Jahren entwickelt haben. Wenn die Kurse während einer langen Zeit – nehmen wir an, seit mehreren Monaten – mit immer weiter wachsenden Umsätzen in die Höhe stiegen, dann kann man annehmen, dass eine große Zahl von Papieren aus den Händen von Hartgesottenen in die von Zittrigen übergingen; je höher die Umsätze waren, desto mehr. Denn bei heftig steigenden Preisen kaufen nur die Zittrigen. Die Hartgesottenen verkaufen die Ware, die sie vorher bei fallenden Preisen in ihren Tresorschränken gestapelt haben, und sie verkaufen nur bei steigenden Kursen. Diese Bewegung dauert so lange, bis sich die große Masse der Papiere wieder in den Händen der Zittrigen befindet, die darauf warten, dass andere, ebenfalls Zittrige – mit Verspätung zwar –, sie ihnen abkaufen. Dann verfügen die Hartgesottenen über Bargeld und warten, bis die Zittrigen ihre Papiere wieder veräußern wollen. Diese möchten zwar ihre Aktien höher verkaufen, doch wenn das nicht gelingt, werden sie sie auch niedriger abstoßen, aus irgendeinem psychologischen oder technischen Grund, manchmal sogar nur aus Ungeduld, weil sich keine neuen Zittrigen mehr melden. Und das trifft immer ein; denn nach der Euphorie kommt die Ernüchterung.

Es könnte sich natürlich noch eine neue, verspätete Käuferschicht melden, besonders wenn die Regierung mit Hilfe der Notenbank durch verschiedene Kanäle (steuer-, kreditpolitische oder andere) immer mehr Geld in die Öffentlichkeit pumpt, als die Industrie und die Wirtschaft es nicht benötigen. Es fließt also mehr Wasser aus der großen Badewanne in die kleine. Parallel dazu können die großen Geldinstitute das ganze Instrumentarium der Werbung benützen, um das Publikum börsensüchtig zu machen. Die Papiere werden an den Schaltern der Banken dem Publikum aggressiv empfohlen, und dazu werden leichte, billige Kredite angeboten, umso mehr, als die Banken keine bessere Möglichkeit haben, ihre Liquidität auszunützen. Nachdem die neuen Zittrigen ihre Papiere eingekauft haben, warten sie, bis immer noch weitere Zittrige auftauchen. Dann kommt der Moment, da es nicht weitergeht. Die Kurse stagnieren oder bröckeln etwas ab. Viele Aktienbesitzer verlieren ihre Geduld. Für sie ist das eine unangenehme Überraschung. Als sie die Aktien gekauft hatten, waren sie der Überzeugung – nach den Versprechungen der Drahtzieher –, dass die Kurse bestimmt steigen würden. Wenn dann die Börse stagniert oder sogar zurückgeht, halten sie es für eine persönliche Beleidigung und Hochverrat. 90 Prozent des Publikums, das einen Börsenboom hervorruft, ist untrainiert und ungeimpft gegen Verluste und kann es sich nicht einmal vorstellen, dass trotz der Meinung der Medien und der so genannten Eingeweihten die Kurse auch fallen und sogar stark fallen können. Das ist die Analyse der Folgen eines »übergekauften« Marktes.

Aber wenn das Publikum dank günstiger Ereignisse weiter optimistisch bleibt?

Auch in diesem Falle gibt es andere, wichtigere technische Gründe, die die Tendenz beeinflussen. Bei einem Abbröckeln der Kurse können die mit Schulden belasteten Konten ihre Deckung verlieren. Die Banken gaben zwar leichte Kredite, aber nach dem Abbröckeln verlangen sie trotzdem zusätzliche Deckung und Sicherheit. Viele verschuldete Kunden müssen also entweder neues Geld einzahlen oder verkaufen. Die Verkäufe bringen weitere Kursrückgänge und die weiteren Kursrückgängen neue Verkäufe. Und die Kettenreaktion geht weiter. So kann der Kursrückgang sich auch ohne sachliche Begründung nur unter dem psychologischen und technischen Druck entwickeln.

Es kann auch ein Signal von der Notenbank kommen. Sie will eine überhitzte Spekulationsatmosphäre bremsen oder einer Inflationsgefahr vorbeugen und erhöht die Zinsen. In diesem Falle könnte der Kursrückgang sogar dramatisch enden.

Die massenpsychologische Reaktion ist die gefährlichste. Wenn nun bei immer steigenden Umsätzen die Preise weiter fallen und die Umsätze stärker anschwellen, gehen immer mehr Papiere aus den Händen der Zittrigen in die Hände der Hartgesottenen über. Zum Schluss kommt der totale Ausverkauf bei den niedrigsten Preisen aus den Händen der Zittrigen. Die Panik ist da, und die Papiere gelangen wieder in die Depots der Hartgesottenen. Aus diesem Versteck kommen sie erst später wieder bei steigenden Preisen auf den Markt. Die Aufwärtsbewegung fängt wieder an.

Beim Tiefstand der Kurse haben nun die Hartgesottenen die Papiere und die Zittrigen das Geld, auf dem Höhepunkt des Booms die Hartgesottenen das Geld und die Zittrigen die Papiere. Dieses Schwanken zwischen Bargeld und Papieren stellt den ewigen Kreislauf der Börsen dar. Ich könnte auch sagen, dass auf dem Höhepunkt die Hartgesottenen das Geld und die Zittrigen die Hoffnung haben.

Welche Schlussfolgerung kann man aus dieser Analyse ziehen?

Ohne Einschränkung bin ich der festen Überzeugung, dass der Kursrückgang bei kleinem Umsatz ein schlechtes Zeichen ist, weil er einen weiteren Rückgang signalisiert. Kursrückgang bei großem Umsatz ist gut, und je größer der Umsatz, desto besser, weil die Papiere in großen Mengen in die starken Hände gehen. Steigende Kurse bei großen Umsätzen sind ein schlechtes Zeichen, weil schwache Hände die Papiere kaufen. Je größer der Umsatz, desto negativer für den Markt, denn je mehr Zittrige daran teilnehmen, umso schlechter. Je kleiner die Umsätze bei steigenden Kursen, umso besser; denn die Kurse verschieben sich zwar, aber die großen Quantitäten sind aus den Depots der Hartgesottenen noch nicht herausgekommen. Ich weiß, dass die meisten Profis, Analytiker, Broker usw., der Tendenz mit kleinen Umsätzen keine Bedeutung beimessen. Meiner Ansicht nach ist das ganz falsch. Die kleinen Umsätze sind nur das Hors d'œuvre, die Einleitung, und wenn die großen Umsätze kommen, dann entwickelt sich die richtige Bewegung, die logischerweise kommen wird. Bei steigenden Preisen kommt dann mit den hohen Umsätzen die Euphorie, bei fallenden Preisen erst das Abbröckeln und dann der totale Ausverkauf. Das ist logisch, denn die vielen Käufer bei rasch steigenden Preisen werden genauso plötzlich Verkäufer, wenn der Markt aus irgendwelchen Gründen umkippt. Da die heutigen Käufer die Verkäufer von übermorgen sein werden, ist es wichtiger, die Qualität der Käufer von heute zu analysieren als die Qualität der Papiere. Und genau umgekehrt: Die Qualität der Verkäufer ist wichtiger als die Qualität der verkauften Werte. Auch die besten Papiere können fallen, wenn die Aktienbesitzer von schlechter Qualität sind.

Gibt es weitere Symptome dafür, ob der Markt »übergekauft« oder »überverkauft« ist?

Ja! Wenn der Markt nach einer langen Aufwärtsbewegung stagniert, auf neue Käufer wartet und auf eine gute Nachricht nicht mehr reagiert, eventuell sogar etwas zurückgeht, ist das ein sehr schlechtes Zeichen. Der Markt ist übersättigt. Die Zittrigen haben ihr ganzes oder sogar geliehenes Geld angelegt, und neue Käufer melden sich nicht trotz der guten Nachricht. Wenn umgekehrt der Markt nach einer Abwärtsbewegung stagniert und auf schlechte Nachrichten nicht mehr reagiert und sogar etwas ansteigt, ist das ein sehr gutes Zeichen. Die Papiere sind in großen Mengen bei den Hartgesottenen, die die eventuell schlechten Nachrichten schon ins Kalkül gezogen haben, nicht mehr erschrecken oder jedenfalls nicht überrascht sind.

Wie soll sich also der Spekulant in solchen Fällen verhalten?

Wenn die Börse auf gute Nachrichten nicht mehr reagiert, herausgehen, und wenn schlechte Nachrichten keine Wirkung mehr haben, hereingehen.

Ein besonders schlechtes Vorzeichen für den Markt ist, wenn immer mehr, besonders kleine Leute nach Tipps jagen, wenn sich das Tagesgespräch um die Börse dreht. Man jongliert mit den Namen der Aktien, jeder hat von seinem Freund irgendeinen Tipp erhalten, den dieser wiederum von seinem besten Freund bekam. Jeder kauft mit dem maximalen Kredit, den er erhalten kann. Ein schlechtes Zeichen ist auch, wenn man als Erklärung für die gute Börse Auslandskäufe zitiert. Ich kenne diese alten Zauberformeln: »Auslandskäufe« oder »ausländische Institutionen kaufen«.

Ist denn das nicht günstig?

In dem Moment, in dem die Leute kaufen, ist es natürlich günstig, weil sie die Kurse antreiben. Aber genauso ungünstig wird es sein, wenn sie die Papiere wieder verkaufen. Denn nach dem Phänomen »Flaschenhalsenge« beim Kauf folgt auch »Flaschenhalsenge« beim Verkauf. Alles hängt davon ab, welche Qualität, welche Tugenden und Fehler die ausländischen Käufer besitzen. Unter ihnen gibt es genauso Hartgesottene und Zittrige, manchmal sogar noch mehr Zittrige, denn ihre Motivationen, auch bei den ausländischen Institutionen, sind kurzfristiger als die der inländischen Anleger. Die meisten ausländischen Spekulanten wollen, sogar wenn es sich um Investmentfonds handelt, einen kurzfristigen Schnitt machen. Sie springen in den Markt, wenn sie eine kleine Chance wittern und von dem Geldmanager des anderen Landes dazu gedrängt werden, wollen aber genauso schnell wieder herausspringen, wenn sie eine Gefahr sehen oder schon Gewinne machen. Alle wollen sie immer zu gleicher Zeit kaufen oder verkaufen. Dieses Phänomen konnte man den deutschen Börsen in der jüngsten Zeit sehr klar feststellen.

Soll man Papiere auf Kredit kaufen?

Nur derjenige darf Papiere auf Kredit kaufen, der über noch andere, viel größere Vermögensposten verfügt als der Betrag, den er schuldet. Ich bin fast geneigt zu sagen, dass man Aktien unter keinen Umständen auf Kredit kaufen soll, es sei denn, man wäre ein waghalsiger Hasardeur. Natürlich ist es auch eine Frage der Proportion und der Qualität der Papiere; wenn man für 100 000 DM festverzinsliche Wertpapiere kauft und darauf 20 000 DM schuldig bleibt, ist das keine Katastrophe. Oder wenn einer bei einem Wert von 300 000 DM Wertpapieren 200 000 DM schuldig bleibt, aber zur gleichen Zeit über eine Million in Immobilien verfügt, ist dies keine Sünde. Aber jeder Fall muss einzeln geprüft werden.

Um zu beweisen, wie gefährlich, schädlich und sogar dramatisch es sein kann, Papiere auf Kredit zu kaufen, und welche Stärke es dem Spekulanten dagegen gibt, keine Schulden zu haben, möchte ich von meinen vielen Erfahrungen nur zwei besonders markante Fälle zitieren.

Mitte der fünfziger Jahre war an der New Yorker Börse eine günstige Börsenentwicklung, und die neuen revolutionären Industrien wie Elektronikunternehmen schienen besonders phantasiereich und zukunftsträchtig. Ich kaufte also mit meinen letzten Dollars Elektronik- und verwandte Aktien, und als ich schon alles investiert hatte, kaufte ich noch weiter auf Schulden. Meine Kreditmöglichkeiten nutzte ich maximal aus.

Der amerikanische Präsident hieß Dwight D. Eisenhower, der zwar Kriegsheld, aber ansonsten kein Genie war. Sein Image in den Augen der amerikanischen Bevölkerung war makellos (obwohl viel gemunkelt wurde, dass er mit Marlene Dietrich ein Liebesverhältnis habe). Das Vertrauen des amerikanischen Volkes zu seinem Präsidenten ist eines der wichtigsten Elemente für eine günstige Atmosphäre in Wall Street. Wir standen ca. ein Jahr vor den nächsten Präsidentenwahlen, und man nahm mit 100-prozentiger Sicherheit an, dass General Eisenhower wieder gewählt werden würde. Ganz Wall Street baute darauf. Warum sollte man seine triumphale Wiederwahl auch an der Börse nicht vorwegnehmen. Alle waren dieser Meinung und ich auch.

Und da geschah das so gefährliche Unerwartete: 1955 erlitt Präsident Eisenhower eine Herzattacke. Am nächsten Tag fielen an der New Yorker Börse alle Aktien spektakulär um 10 bis 20 Prozent in die Tiefe. Da ich auf meinen Papieren Schulden hatte, musste ich schnell einen großen Teil der Aktien abstoßen. Dies war sehr schmerzhaft, aber ein »Muss«, bevor die Broker noch weitere Garantien gefordert hätten.

Der Krach kam, weil das Publikum die Hoffnung aufgegeben hatte, dass Eisenhower wieder gewählt werden könnte. Wie ohne Eisenhower die Wahlen ausfallen würden, war eine große Frage, und Fragezeichen sind an der Börse immer ein störendes Element. Weder das Publikum noch die zittrigen Spieler haben genug Nerven, um bei einem unerwarteten Ereignis den Problemen fest ins Auge zu schauen, auch für den Fall, dass es ein gutes Ereignis ist. Abgesehen davon können die meisten gar nicht beurteilen, was für die Börse gut oder schlecht ist.

In einem solchen Fall wollen alle Zittrigen, aber auch alle, die auf ihren Depots Schulden haben, so schnell wie möglich verkaufen – die Letzteren sind sogar dazu gezwungen. Der Krach der ersten Stunde kann dann eine Kettenreaktion nach unten auslösen.

Nach einigen Tagen besserte sich der Gesundheitszustand Eisenhowers. Die Hoffnung kam wieder auf, dass er für eine Wiederwahl kandidieren könnte, die Börse beruhigte sich, und auch die Kurse fingen wieder an zu steigen und stiegen noch viel höher, als sie vor dem unglücklichen Ereignis gestanden hatten. In den kommenden Jahren erreichten die Kurse spektakuläre Gewinne, manchmal sogar das Zehnfache, aber für mich leider zu spät.

Und so kommen mir, wie immer in solchen Fällen – nachdem man ausverkaufen musste und die Kurse dann steigen –, die poetischen Zeilen Heinrich Heines in den Sinn: »... es ist eine alte Geschichte und bleibt doch immer neu, wem es just passierte, dem bricht das Herz entzwei.«

Wie wäre Ihre Reaktion gewesen, wenn Sie keine Schulden gehabt hätten?

Genauso, wie ich mich einige Jahre später verhielt im Zusammenhang mit einer anderen unerwarteten Nachricht.

Es war der Februar 1962. Ich war wieder einmal voll gestopft, diesmal mit französischen Aktien an der Pariser Börse. Aber diesmal war alles voll bezahlt, ich schuldete nicht einen Knopf. Es war während des französischen Krieges in Algerien. General de Gaulle, der damalige Präsident von Frankreich, wollte eigentlich Algerien loswerden, musste aber in seiner Politik hin und her lavieren wegen der öffentlichen Meinung, die in der Algerienfrage sehr gespalten war. Und da geschah wieder das große Unerwartete (ich nenne es das große I – für Imponderabilien): der Aufstand von vier französischen Generälen in Algier gegen die Regierung, das heißt gegen General de Gaulle. Es war ein für das französische Publikum erschütterndes Ereignis, vielleicht das größte Ereignis in Frankreich seit dem Ende des Krieges. Die Generäle fürchteten de Gaulles Absicht, Algier zu befreien, was sie unter keinen Umständen akzeptieren wollten. Am Abend herrschte in Paris eine ausgesprochene Panikstimmung.

Den nächsten Tag ging ich nicht zur Börse, ich wollte meine Nerven schonen und nicht zusehen, wie meine Papiere in die Tiefe purzeln könnten.

Anstatt zur Börse ging ich in mein Lieblingsrestaurant »Chez Louis« (ein international bekanntes tschechisches Beisl), damals Treffpunkt von bekannten Film-, Fernseh- und Presseleuten, und studierte dort die Speisekarte, ohne an die Börse zu denken.

Da kam zufällig ein Börsenkollege ins Lokal und berichtete mir mit Entsetzen, was für ein Krach – ein wahrhaftiges Blutbad – an der Börse stattgefunden hatte, genauso, wie es manchmal in Börsenromanen beschrieben wird

»Sooo?«, war meine Antwort, und ich genoss in aller Ruhe meinen Lunch.

Ich war ja überzeugt davon, dass de Gaulle aus diesem Machtkampf als Sieger hervorgehen würde.

Für mich war es also, was die Börse anbelangte, nur ein Tagesereignis, das mit der Zeit bald in Vergessenheit geraten würde. Wäre ich zur Börse gegangen, so hätte ich mich mit Sicherheit ausverkauft. Den Luxus, an einem solchen Tag nicht zur Börse zu gehen, konnte ich mir gerade dadurch erlauben, weil ich keine Schulden hatte. Diese bösen Börsenstunden habe ich also in einem guten Restaurant verbracht. Eine Stunde nach Börsenschluss erfuhr ich dann, dass die Börse sich gedreht hatte und dass man die Hälfte der Kursverluste schon wieder aufgeholt hatte.

Abends hielt de Gaulle dann wieder eine seiner berühmten Fernsehansprachen. Er appellierte an sein geliebtes Frankreich (»Ma chère vieille France«), und in diesem Augenblick stand das ganze französische Volk hinter ihm. Das »Quarteron« (ein Wort, von General de Gaulle geprägt aus dem Satz »quatre generaux felons«), also die vier untreuen Generäle, gaben auf, und alles war vergessen – nicht nur in der politischen Situation, sondern auch an der Börse. Der Krach stellte sich als eine Eintagsfliege heraus, und dank meiner sicheren Position, ein unbelastetes Wertpapierdepot zu besitzen, war ich gegenüber der Panikstimmung immun geblieben.

Hätte ich Schulden gehabt, wäre meine ganze Logik pervertiert gewesen; denn mein Kopf hätte wegen der Angst aufgrund der Schulden anders reagiert. Anstatt mir in aller Ruhe auszudenken, wie wohl die Reaktionen de Gaulles und des ganzen französischen Volkes sein würden, hätte ich mich trotz meiner Prinzipien von der Panik mitreißen lassen, und der Schaden wäre groß gewesen.

Deshalb mein Postulat: Ich ziehe vor, ein kleineres Quantum an bezahlten Aktien einer hoch verschuldeten Gesellschaft zu besitzen als ein großes Quantum an erstklassigen Papieren eines angesehenen Unternehmens – aber auf Schulden gekauft. Mit einem kleinen Quantum an voll bezahlten

Papieren kann man die Aufwärtsbewegung lange abwarten, während man mit großen Quantitäten auf Kredit gekaufter Papiere schon bei kleinen Gewinnen geneigt ist zu verkaufen.

Einer meiner Kollegen und ich kauften einmal aufgrund einer gemeinsamen Idee dasselbe Papier, ich einhundert voll bezahlt, er eintausend auf Kredit. Ich blieb zwei Jahre lang ruhig auf dem Papier sitzen und konnte einen Kursgewinn von 200 Prozent einstecken. Mein Kollege begnügte sich schnell mit einem kleinen Gewinn, da er ja wegen seiner Schulden sehr vorsichtig sein musste.

Aber ohne Risiko kann man doch an der Börse keine Profite machen?

Das stimmt, aber wenn man auf eine festere Tendenz der Börse – statt erstklassige Aktien auf Kredit – spekuliert (Liquidität + Psychologie + Wirtschaft), sollte man Aktien der stark verschuldeten Unternehmen kaufen, die durch eine schlechte Wirtschaftslage und vorherige hohe Zinsen in eine kritische Lage geraten sind, und diese Papiere aber voll bezahlen. An zweiter Stelle sollte man noch eher Optionen kaufen, aber immer mit dem Gedanken, dass das ganze Geld, das man in die Optionen steckt, total verloren gehen könnte.

Soll man in einer Rezession Aktien kaufen?

Ja, denn bei einer Rezession wird die Regierung die Wirtschaft ankurbeln, Zinsen ermäßigen, die Geldmenge erhöhen, und davon profitiert in erster Linie die Börse – noch früher als die Wirtschaft. Denn das Geld ist der Sauerstoff der Börse.

Können die Kurse trotz einer allgemeinen Steuererhöhung steigen?

Ja. Ungefähr aus denselben Gründen wie bei einer Rezession. Denn wenn die Regierung die Steuern erhöht, kann sie auf dem Geldmarkt liberaler handeln, und das kann auf die Börse nur günstig einwirken.

Soll man eine Aktie kaufen, wenn sie von den größten und bekanntesten Firmen aggressiv empfohlen wird?

Nein! Die größte Vorsicht ist angebracht. Eine Finanzgruppe will das Papier loswerden und lässt es durch die Banken oder die Maklerfirmen in Börsenbriefen und Medien, mit denen sie in Verbindung steht, empfehlen. Es ist eine Promotion, die mit Mundpropaganda unterstützt wird.

Welche Beachtung soll man den Transaktionen der Geldmanager großer Institutionen schenken?

Gar keine. Diese handeln zwar mit so großen Mengen, dass sie die Kursentwicklung beeinflussen können, aber nur auf kurze Sicht. Wenn eine Institution von einem Papier eine besonders große Menge kauft oder verkauft, wird dies vielleicht für einige Tage den Kurs in die Höhe oder Tiefe bringen, aber – wie gesagt – auf lange Sicht spielt das keine Rolle.

Was soll man von den Empfehlungen eines Insiders über die Aktien seiner eigenen Gesellschaft halten? Dieser müsste ja doch kompetent sein.

Gar nichts. Die Insider kennen zwar ihre eigene Gesellschaft (und das ist auch nicht sicher) und die Produkte, die Entwicklungen, die Potenz. Aber der gesamte Kapitalmarkt und die weitere Entwicklung des Kapitalmarktes haben damit nicht viel zu tun. Auch sind diese Informationen nicht immer aufrichtig. Nach meiner Erfahrung müsste man fast immer genau das Gegenteil von dem machen, was ein Insider empfiehlt. Oft sind die Informationen willkürlich falsch, um das Publikum irrezuführen: Die Insider, das Mehrheitssyndikat wollen vielleicht ihre Beteiligung vergrößern und die Aktien aufkaufen. Sie verbreiten daher schlechte Nachrichten, damit der Kurs fällt, oder sie deuten im Gegenteil durch Mundpropaganda gute Ereignisse an, damit sie ihre eigenen Aktien bei höheren Kursen abladen können. Sie wollen dann eben ihre Beteiligung an den Unternehmen vermindern.

Das wäre doch Betrug?

Vielleicht. Aber es ist schwer zu beweisen; denn jeder hat ja das Recht zu behaupten, dass seine Meinung positiv oder negativ war, ohne etwas Exaktes über die Sache gewusst zu haben.

Was soll man von den Meinungen der Wirtschaftsexperten und Wirtschaftswissenschaftler über die weitere Entwicklung halten?

Auch nicht viel. Auch der beste Wirtschaftswissenschaftler kann die Börsentendenz nicht richtig analysieren. Börse und Wirtschaft laufen ja – wie vorher schon gesagt – nicht parallel. Wenn die Meinung der Wirtschaftsprofessoren für die Börsenanalyse kompetent wäre, müssten sie ja alle reiche Männer sein; das sind sie aber nicht. Volkswirte wissen alles über die Wirtschaft und das Geld, sie haben es aber nicht. Schon Voltaire sagte: »Es ist leichter, über das Geld zu schreiben, als Geld zu machen.« Wirtschaft und Börse sind zwei verschiedene Sachen. Wirtschaftsboom ist für die Börse ungünstig und Wirtschaftsstagnation für die Kursentwicklung günstig, wie ich schon an dem Beispiel der zwei Wannen erklärt habe.

Ist das immer so?

Vielleicht nicht immer, aber meistens. Wirtschaft und Börse stehen letzten Endes in einer gewissen Verbindung, aber – wie gesagt – nicht parallel, sondern zeitlich verschoben. Meistens ist die Börsentendenz ein Vorläufer der kommenden Wirtschaftsentwicklung. Aber nach einem Wirtschaftsboom, nach der Abkühlung und bei einer größeren Liquidität kann dank dieser Abkühlung der Börsenboom kommen, umso mehr, als nicht nur mehr Geld, sondern auch größere Gewinne zu erwarten sind.

Sind also die Prognosen der Volkswirte immer falsch?

Vielleicht. Sie können sich manchmal auch durch Zufall bestätigen. Aber überzeugend sind sie nicht. Ich möchte ein interessantes Beispiel zitieren: Im Frühjahr 1962 gab es einen besonders heftigen Kurssturz in Wall Street und an allen Börsen der Welt, der von keinem Wirtschaftsexperten vorhergesehen worden war. Es war so arg, dass man, wenn man Verkaufsaufträge gegeben hatte, zum Beispiel von den Schweizer Börsen tagelang überhaupt keine Antwort bekam (obwohl die Schweizer Börsen einen relativ großen Umsatz haben). Einige Monate später, als sich die Kurse auf dem tiefen Niveau etwas beruhigt hatten, organisierte die *New York Herald Tribune* (heute: *International Herald Tribune*) eine Round-Table-Konferenz mit den besten Wirtschaftsexperten. Sie debattierten hin und her, einige waren sehr pessimistisch, andere etwas optimistischer. Bevor sie auseinander gingen, stellte der Moderator lächelnd die Frage: »Was halten Sie, meine Herren, von einem Dow-Jones-Index von soundso viel zum Jahresende?« (Der Index war an diesem Tage 200 bis 300 Punkte niedriger). Im Chorus antworteten alle: »Are you kidding?« (»Machen Sie Witze?«) Und was geschah? Nicht zum Jahresende, aber etwa vierzehn Tage später stand der Dow Jones auf diesem hohen Kurs.

Wie soll man den Einfluss der nationalen Politik auf die Börse einschätzen?

Man muss sich ihrer großen Bedeutung speziell in Europa bewusst sein. Denn in Europa ist der Unterschied in der Wirtschafts- und Kreditpolitik zwischen einer konservativen und einer links orientierten Regierung größer als in Amerika. Die politischen Strömungen rechts und links beeinflussen die Psychologie und die Zukunft der Anleger und der Unternehmer. Aber auch da kann man nicht den Regeln trauen, denn die psychologische Reaktion ist, wie schon gesagt, unberechenbar. Besonders wichtig ist, ob die Regierung, die eine Inflationswelle oder Deflation bekämpfen will, mit fiskalischen oder monetären Waffen vorgehen will. Die jeweilige Entscheidung beruht auf der ideologischen Einstellung des neuen Parlamentes.

In Amerika haben die Wahlen nicht dieselbe Bedeutung für die Börse. Dort wird auch alle vier Jahre gewählt, aber für die Unternehmer bleibt es fast gleich, welche Partei an die Macht kommt – die demokratische oder die republikanische, denn beide stehen fest auf dem Boden des freien Kapitalismus. Eine viel größere Bedeutung aber hätte die Persönlichkeit des gewählten Präsidenten, ganz gleich, welcher Partei er angehört. Roosevelt und Truman waren Demokraten und hatten das Vertrauen des amerikanischen Volkes wie später der Republikaner Reagan. Carter dagegen als Demokrat und Nixon und Ford als Republikaner genossen nicht im selben Maß das Vertrauen ihrer Mitbürger, und deswegen waren sie auch erfolglose Präsidenten.

Für Europa ist es ein Jammer, dass man alle vier oder fünf Jahre wählt und jedes Mal zittern muss, wie die Wahlen ausfallen.

Wie groß ist der Einfluss der internationalen Politik auf die Börse?

Ganz gewaltig. Die Weltlage – Spannung oder Entspannung – beeinflusst die Psychologie des Publikums. Die Entwicklung der internationalen Lage beeinflusst ganz Branchen (Friedens- und Kriegsindustrie), internationale Zahlungsbilanzen, Handelsverträge, politische Kredite usw.

Wo liegt der Unterschied zwischen Spekulation und Anlage?

Es gibt keine feststehende Grenze zwischen Spekulation und Anlage. Eine gute Anlage ist eine gelungene Spekulation, und eine Verlustspekulation ist eine schlechte Anlage. Ob Spekulation oder Anlage, hängt nicht von der Qualität der Papiere ab, sondern vom relativen Quantum. Ein so genanntes hochspekulatives Papier, eine Ölquelle oder Goldmine, die noch nicht erschlossen, aber viel versprechend sind, wird bei einem großen Anleger, der darin nur einen kleinen Betrag investiert, als eine Anlage mit kalkuliertem Risiko gelten. Dagegen ist es eine halsbrecherische Spekulation, wenn sich zum Beispiel ein kleiner Sparer mit hoher Verschuldung mündelsichere Anleihen kauft.

Sollte man ein Papier auf kurze Sicht kaufen, auch wenn man auf lange Sicht davon eine schlechte Meinung hat oder darin sogar eine Gefahr sieht?

Nein, unter keinen Umständen! Man setzt sich nicht einmal fünf Kilometer in ein Auto, wenn man damit rechnet, dass es mit diesem Wagen nach 50 Kilometern zu einem schweren Unfall kommen könnte.

Wenn man glaubt, dass die außen- oder innenpolitische Entwicklung für die Börse ungünstig werden könnte – aber erst nach einer gewissen Zeit, weil der Wahltermin noch in weiter Ferne liegt –, so muss man diese Gefahr einkalkulieren und die Gefahr nicht übersehen mit der Begründung, es sei ja noch viel Zeit. Ich erinnere mich noch ganz genau an eine persönliche Erfahrung aus den dreißiger Jahren.

In den dreißiger Jahren hatte ich an der Pariser Börse aus gewissen Gründen ein Baisse-Engagement; die Gründe waren teils wirtschaftlicher, teils politischer Natur. Die Börse aber stieg und stieg aus technischen Gründen und weil die Syndikate sie in die Höhe manipuliert hatten. Dann kamen Wahlen in Deutschland, und zum ersten Mal errang Hitler, das heißt die Nationalsozialistische Partei, einen relativ größeren Sieg. 67 Naziabgeordnete in braunen Uniformen und mit Hakenkreuzarmbinden marschierten in den Reichstag ein. Für viele war dies ein entsetzliches Ereignis und eigentlich auch eine Überraschung.

Die Pariser Börse nahm aber davon keine Notiz, obwohl es für die zukünftige Entwicklung ein Memento war, und stieg lustig weiter. Umsonst wiederholte ich vor meinen Börsenkollegen, welcher Unsinn diese Aufwärtsbewegung sei: Im Nachbarland und beim Erzfeind von Frankreich gewinne eine Partei an Macht, die den Frieden bedrohe. »Was geht es uns an«, sagten meine Kollegen, »was in Deutschland passiert; hier sind wir in Frankreich!«

Ich war bestürzt über diese dumme Reaktion und erzählte ihnen von einer Filmburleske, die ich ein paar Tage zuvor gesehen hatte: »Buster Keaton spielt Klavier in einem kleinen Haus in einer öden Landschaft. Er spielt und blickt träumerisch an die Decke. Auf einmal kommt ein Bösewicht und zündet das Haus an. Das Gebäude brennt lichterloh, und die Flammen zerstören sämtliche Wände. Buster spielt so verträumt weiter, dass er nichts sieht. Und als die Mauern schon vollkommen niedergebrannt sind, spielt er noch immer, bis zu den letzten Akkorden des Musikstückes. Dann schaut er sich um, bemerkt mit Entsetzen, dass das Haus nicht mehr steht, und läuft in panischem Schrecken davon. So wird es euch auch gehen, wenn ihr nicht bemerkt, dass das Haus brennt.«

Kann man auch mit kleinem Einsatz einen großen Gewinn erzielen, oder gilt auch hier der Spruch: Die erste Million ist die schwerste?

Ja, man kann auch klein anfangen. Mit dem Kauf von total abgesackten Aktien, die fast pleite sind, die jedoch im letzten Moment gerettet werden. Diese Fälle nennt man Umkehrsituation.

Oder man kann auch mit Optionen viel Geld machen, wenn man die Tendenz genau im richtigen Moment unmittelbar vor dem Aufschwung erwischt. Das ist auch möglich, aber ich ziehe den ersten Fall vor. Natürlich ist die erste Million die schwerste, nicht nur an der Börse, sondern in jedem Beruf. Etwas muss ich jedoch sehr betonen: Man soll sich nicht vorstellen, wie viele junge Börsianerkandidaten es tun, dass sie sich mit Börsenspiel den Lebensunterhalt verdienen könnten.

Wie viel Geld kann ein guter Börsenspieler pro Jahr verdienen?

»Verdienen« kann er nichts, denn an der Börse gemachtes Geld ist kein Verdienst. Aus Börsenspiel kann man sich nicht ein jährlich soundso großes Einkommen verschaffen. In meinen Ohren klingt es immer falsch, wenn man über die Erfolge eines Börsianers spricht, der im Jahr soundso viel Einkommen erzielt hat. Erstens kann man nichts als Einkommen bezeichnen, das aus den Kursschwankungen entspringt. Das sind Gewinne, aber kein Einkommen. Das Einkommen von Wertpapieren besteht aus Dividenden, Zinsen, Coupons usw., aber nicht aus Kapitalgewinnen. An der Börse kann man Gewinne machen, große Gewinne, auch reich werden. Man kann verlieren, viel verlieren und pleite gehen.

Man kann unter keinen Umständen die Gewinne pro Monat und pro Jahr berechnen. Es kann bei einem guten Spekulanten vorkommen, dass er jahrelang erfolglos bleibt und Verluste einstecken muss. Und dann kommen sechs Monate, wo er mehr Gewinne macht als die Verluste in den ganzen vergangenen Jahren. Fazit: Man kann Börsenerfolge nicht nach Jahren und soundso viel Prozent berechnen.

Sollte für alle potentiellen Spekulanten gelten: Nicht kleckern, sondern klotzen?

Ja. Wer an der Börse das »Kleine zu viel ehrt, ist des Großen nicht wert«. »Wenn schon Schweinefleisch, dann muss es triefen«, sagen die frommen Juden, denen das Schweinefleisch verboten ist. Das soll sich jeder Börsenprofi vor Augen halten. Wenn er schon so gefährlichen Boden betritt, dann muss es sich lohnen: Große Gewinne – kleine Verluste.

Gilt dieses Postulat für jeden?

Ich habe für meine Anhänger den Spruch geprägt, der viel zitiert und von dem oft gesprochen wird: »Wer viel Geld hat, kann spekulieren, wer wenig Geld hat, darf nicht spekulieren, wer gar kein Geld hat, muss spekulieren.« (Unter gar kein Geld verstehe ich natürlich fast kein Geld, nur eventuell eine kleine Summe.)

Grau ist alle Theorie – ist das ein Patentrezept für Spekulanten?

Absolut richtig. Es gibt keine wissenschaftlichen Thesen oder Systeme – das ist das einzige Patentrezept. Man kann nur ahnen, aber ganz klar kann man nichts sehen. Oft höre ich sogar von alten Profis: »Die Börse ist zurzeit ganz undurchsichtig!« Darüber kann ich nur lachen. Wann war sie denn jemals durchsichtig? Wenn sie durchsichtig sein sollte, wäre sie ja keine Börse. Auch der beste Spekulant kann nicht in die Zukunft sehen, sondern bestenfalls die Konturen im Nebel erkennen. Man kann nicht voraussehen, was morgen oder übermorgen sein wird. Aber man muss wissen, was heute ist und gestern war. Und das ist schon sehr viel, denn die meisten wissen noch nicht einmal das.

Also liegt alles im Dunkeln? Kann man durch Erfahrung dazulernen?

Ganz richtig. Alle Börsenspieler und Spekulanten befinden sich in einer Dunkelkammer. Sie können nur durch Herumtasten die Objekte finden, die sie suchen. Natürlich wird derjenige, der sich schon seit langem in der Dunkelkammer befindet, leichter die gesuchten Objekte finden als jener, der soeben vom helllichten Tag eingetreten ist.

Können uns Großspekulanten gefährlich werden, oder sollten wir als Trittbrettfahrer von ihren risikoreichen Transaktionen profitieren?

Da kann man keine Regel aufstellen. Die Großspekulanten, besser gesagt, die Finanziers, führen ihre Transaktionen, Übernahmen, Fusionen, Entflechtungen usw. an und dank der Börse durch. Sie kaufen die Mehrheit, das heißt die Kontrolle einer Gesellschaft an der Börse auf oder trennen sich von einer Tochtergesellschaft durch den Verkauf von deren Aktien an der Börse. Ein geschickter Börsenhändler kann durch die Kursschwankungen, die diese Finanztransaktionen verursachen, oft profitieren. Aber auch auf diesem Sektor ist die größte Vorsicht geboten. Oft plant eine Finanzgruppe den Erwerb der Mehrheit einer Gesellschaft dadurch, dass sie deren Aktien aufkauft. Oft plant eine Finanzgruppe den Erwerb der Mehrheit einer Gesellschaft und kauft an der Börse deren Aktien, gelingt dies aber nicht, stößt diese Gruppe die schon aufgekauften, aber zur Kontrolle nicht ausreichenden Aktien wieder ab. Dann stürzt der Kurs dieser Aktie, die vorher raketenhaft hochgeschossen war, senkrecht in die Tiefe. So ist dieses Auf und Ab für den unschuldigen Zaungast ganz und gar unverständlich.

Sind die jährlichen Geschäftsberichte, Hauptversammlungen und Publikationen in der Presse als Informationsquelle über die Entwicklung eines Unternehmens ausreichend?

Nein. Außerdem muss man bei den Texten zwischen den Zeilen lesen können und nach jeder Meldung überlegen, was dahinter steckt, ob die Meldungen nicht falsch oder mindestens unglaubwürdig sind. Man muss die Texte sehr kritisch, sogar zynisch analysieren. Außerdem kann man nicht wissen, wo und wann plötzlich eine gefährliche Konkurrenz auftaucht oder die sich noch ändert.

Sollte man sein Kapital eher etablierten Gesellschaften anvertrauen oder auf Newcomer setzen?

Das hängt von der Zielsetzung ab; es gibt keine Regel. Es hängt von der Kapitalstärke, der Risikofreudigkeit und der Geduld ab. Aber es hängt auch vom Newcomer ab, von dessen Management, Patronage usw.

Ist es bei der Börsenspekulation wie beim Roulettespiel? Sollte man im ersten Gewinnfieber nicht alles wieder einsetzen?

Das ist eine Frage des Charakters und des Alters. Darüber kann man nur philosophieren, aber keine Ratschläge geben, genau wie beim Roulettespiel.

Was halten Sie von Charts (Kurskurven)? Lassen sich aus der Vergangenheit Zukunftstendenzen ablesen?

Ich halte etwas davon, aber nicht zu viel. Ich würde aufgrund der Charts nicht kaufen, aber unter keinen Umständen gegen sie operieren. Ich schaue mir gerne Charts über eine längere Zeitspanne (mindestens sechs bis zwölf Monate) an, aber auch nur bei einzelnen Aktien und nicht bei den Marktindexen.

Ein Krankenhausarzt betrachtet auch nur die Fieberkurve eines einzelnen Patienten in einem Krankenzimmer, um seine Schlüsse zu ziehen und den Gesundheitszustand zu beurteilen, und errechnet nicht die Durchschnittsfieberkurve aller in dem Zimmer zusammen liegenden Kranken.

Die Charts sind die Fieberkurven einer Aktie, die mir über ihren Zustand in den letzten Wochen und Monaten Auskunft geben. Das ist schon eine gewisse Basis für die Beurteilung – auch für die Zukunft. Die Chart kann mir vielleicht auch Informationen über das Verhalten der Insider bei einem Unternehmen geben, die sonst nicht überall bekannt sind.

Eine im Zickzack aufsteigende Linie deutet darauf hin, dass die Insider (Manager, Großaktionäre usw.) ihren Bestand an den betreffenden Aktien vergrößern wollen. Dafür können sie verschiedene Gründe haben: Sie wissen schon, dass die Gewinne steigen, dass sie neue, sehr chancenreiche Produkte auf den Markt bringen. Sie wollen eventuell verhindern, dass eine andere Gruppe das Unternehmen übernimmt, oder ganz einfach ihre Kontrolle über dieses Unternehmen ausbauen.

Eine im Zickzack fallende Linie zeigt dagegen, dass die Insider ihren Bestand vielleicht verringern oder sogar total ausverkaufen möchten.

Die steigende Zickzacklinie – zwei Schritte hinauf, einen hinunter, zwei Schritte hinauf, einen hinunter – lässt vermuten, dass die Käufergruppe mit ihren Käufen sehr vorsichtig vorgeht, damit nicht zu viele Mitläufer dabei sind. Nachdem der Kurs etwas gestiegen ist, stoppt man die Käufe, verkauft sogar eine Kleinigkeit, um die anderen zu täuschen, und fängt wieder an zu kaufen, wenn der Kurs zurückgegangen ist.

Im umgekehrten Fall – zwei Schritte hinunter, einen hinauf, zwei Schritte hinunter etc. – gehen die verkaufenden Gruppen ebenfalls mit größter Vorsicht vor. Nach dem Rückgang der Kurse stoppen sie die Verkäufe, erwerben vielleicht sogar wieder etwas, damit sich der Kurs beruhigt.

Wie gesagt kommt es oft vor, dass eine Gruppe die Kontrolle über ein Unternehmen erwerben möchte. Doch eines Tages muss sie feststellen, dass die benötigten 51 Prozent der Aktien für die Mehrheit nicht erreicht werden konnten. Sie befinden sich in festen Händen. Da die Gruppe an einer Minderheitsbeteiligung nicht interessiert ist, verkauft sie die erworbenen Aktien wieder und drückt dadurch den Kurs in die Tiefe. Dieser Fall kommt recht häufig vor. Das naive Börsenpublikum steht verständnislos vor dem Phänomen der erst rapide steigenden und dann heftig fallenden Kurse.

Bemerkenswert ist auch, wenn die Chartlinie einer Aktie genau in die entgegengesetzte Richtung geht wie die Tendenz des gesamten Marktes, sie entweder gegen den großen Trend steigt oder fällt. So verrät uns die Chart etwas über die Transaktionen der Insider. Ich würde nicht gegen eine fallende Chartlinie kaufen, wenn die gesamte Börsentendenz steigend ist. Dagegen ist es ein besonders gutes Zeichen für eine Aktie, wenn ihre Chart steigt, während die gesamte Tendenz fallend ist. Aber ich würde Aktien nicht nur deshalb kaufen, weil ihr Chart steigt – das ist nicht genügend.

Man kann bei den Charts auch Folgendes beobachten (ich betone: beobachten, und nicht: herauslesen): Wenn eine Aktie mit einem Zickzackkurs in die Höhe geht und auf einem gewissen Niveau eine Decke bildet, die der Kurs nicht durchbrechen kann, wenn also der Kurs sozusagen öfter an die Decke springt, wieder abfällt usw., könnte das bedeuten, dass bei einem gewissen Kurs große Mengen der Aktie aus irgendeiner Quelle auf den Markt kommen. Die Makler haben den Auftrag, bei einem bestimmten Kurs zu verkaufen. Dann kommt der Augenblick, wo der Kurs die Decke durchbohrt und in die Höhe geht; das würde bedeuten, dass das zur Verfügung stehende Quantum verkauft ist und keine neue Ware herauskommt.

Wenn umgekehrt eine Aktie im Zickzackkurs tief abfällt, einen gewissen Boden aber nicht durchbricht, öfters auf den Boden fällt und wieder hochspringt, könnte das bedeuten, dass eine Gruppe Kurspflege betreibt, besser gesagt interveniert, um eine Panik bei den Besitzern zu verhindern. Wenn der Kurs dann zu einem bestimmten Zeitpunkt den Boden durchbricht, hieße das, dass die intervenierende Gruppe nicht weiter kaufen will, sei es, dass sie dazu keine Mittel mehr hat oder nicht mehr aufwenden will.

Noch eine Beobachtung: Wenn der Kurs einer Aktie nach einem heftigen Rückschlag eine gewisse Zeit auf einem tiefen Niveau stehen bleibt, aber nicht weiter fällt, obwohl alle Berichte und Ereignisse dafür sprechen, könnte das bedeuten, dass die Insider schon darüber informiert sind, dass sich das Unternehmen in einer Umkehrsituation befindet und gute Chancen für die Zukunft bestehen. Diese Analyse bestätigt sich dann, wenn der Kurs dieser Aktie langsam wieder zu steigen beginnt.

Da es Tausende von Chartspielern gibt, können sie selber manchmal Kursbewegungen verursachen. Wenn es nach ihrer Theorie bestimmte Signale gibt, würden sie kaufen oder verkaufen und so die Schwankungen selber erzeugen. Diese wären jedoch nur von kurzer Dauer.

Für Unsinn halte ich, aus verschiedenen Kurvenformen schwerwiegende Schlüsse zu ziehen, wie immer sie heißen mögen: »Untertasse«, »Seitenflanke«, »Schulter-Kopf-Schulter« usw. Solche Kennzeichnungen dienen nur den Tagesspielern, die kurzfristige Operationen durchführen wollen. Ich kannte in meinem Leben Hunderte von Spielern, die mit ihren Chartsystemen handelten, aber ich kannte nicht einen, der zum Schluss nicht all sein Geld verloren hätte.

Fazit: Man soll die Charts beobachten und aus ihnen Schlüsse ziehen, ihnen aber nicht blind folgen. Sie zeigen klar und verständlich die Vergangenheit einer Aktie, die man kennen sollte; denn wie sagt der chinesische Spruch? Wer die Zukunft erforschen will, muss die Vergangenheit kennen.

Bedeutet die Kapitalerhöhung einer Gesellschaft einen Aufwärtstrend der Aktie?

Nein. Es hängt eigentlich von den Chancen des Unternehmens und von der allgemeinen Tendenz auf dem Kapitalmarkt ab. Bei einer Tendenz nach unten wirkt sich eine Kapitalerhöhung eher negativ aus, bei einer steigenden Tendenz dagegen hat sie eine positive Wirkung.

Die Aktie erlaubt kapitalsuchenden Unternehmen eine breite Kapitalaufnahme. Könnte sie ein Weg zu mehr Wirtschaftsdemokratie sein?

Ja. Der breit gestreute Besitz von Aktien großer Unternehmen führt langsam zu einer Art von Volkskapitalismus. Dank der Börse kann sich jeder kleine Mann eine Beteiligung an den Unternehmen jeder Branche seines Geschmackes erwerben. In Amerika, England und Frankreich ist es seit Jahrzehnten so. In Amsterdam gab es schon im 17. Jahrhundert eine besonders rege Börse. In der Bundesrepublik kommt es, wie gesagt, erst langsam dazu.

Kann man von einer hohen Dividendenausschüttung auf eine gute Kursentwicklung schließen?

Nicht unbedingt, speziell nicht kurz- oder mittelfristig. Oft wird die Erhöhung einer Dividende von den Spekulanten erwartet und, indem sie die Kurse in die Höhe treiben, vorweggenommen. Daher kommt es häufig vor, dass nach der endgültigen Meldung einer erwarteten höheren Dividendenausschüttung der Kurs zurückgeht. Das ist das bekannte Phänomen des *Fait accompli.*

Wie lautet das kleine Brevier des auf Baisse Spekulierenden?

Die spontane Antwort könnte ein Börsenspruch sein: »Der Baissier wird von Gott verachtet, weil er nach fremdem Gelde trachtet.« Der Baissier kann nur durch den Verlust anderer Gewinne machen. Er spekuliert ja auf den Schmerz des anderen. Darauf müssten diejenigen, die die Moral nicht sehr achten, mit einem Schiller-Zitat antworten: »Nur im Geben liegt der Segen.« (Geben bedeutet im Börsenjargon verkaufen.) Die Baissespekulation ist ein spezieller Mechanismus. In Deutschland nennt man das Baissespekulieren Leerverkaufen. Sie erfordert ein gewisses Verständnis dafür, wie man etwas verkaufen kann, was man noch nicht besitzt. Die Angelsachsen nennen den Baissier *bear* (Bär), was bedeutet, das Bärenfell zu verkaufen, bevor der Bär erlegt ist. Der Baissier hat einen ganz bestimmten Charakter. Er ist verbissen in seinem Pessimismus und immer der Ansicht, dass die Aktien zu hoch sind. Er spekuliert ständig auf fallende Kurse.

Da fällt mir eine Anekdote über einen Baissier an der Budapester Börse ein. Er hatte aggressiv auf den Kurssturz spekuliert, aber die Börse stieg und stieg, und sein Verlust wurde immer größer. Eines Tages stand er in seiner Ecke in der Börse, während die Kurse unter großem Lärm stiegen und stiegen. Ein Kollege fragte, um ihn zu ärgern: »Was glauben Sie wohl, was diese Burschen alle mit der Hausse verdienen?« »Für mich spielt das gar keine Rolle«, antwortete der Baissier. »Denn alles, was sie heute gewinnen, kommt nach dem Krach wieder zu mir zurück. Nur was sie inzwischen ausgeben für Frauen und Champagner, ist für mich leider verloren.«

Ist es jederzeit sinnvoll, ein Kurslimit oder einen Termin beim Erwerb oder Verkauf einer Aktie zu setzen?

Dreimal nein, wenn es sich um eine Aktie handelt. Bei festverzinslichen Anlagen kann man es tun, wenn die Verzinsung, gemessen an dem Kapitalmarkt, gewissermaßen berechnet werden kann. Aber auch die weitere langfristige Zinsentwicklung zu beurteilen ist schwierig, da sie von zu vielen Komponenten abhängt. Bei notleidenden Anleihen dagegen muss man ganz anders urteilen; das Entscheidende ist hier nicht ausschließlich die Verzinsung, das heißt die Rendite, sondern verschiedene andere Motivationen: Wie groß die Chancen für die Wiederaufnahme des Zinsdienstes sind; die Qualität, die Kreditwürdigkeit des Schuldners und noch andere verschiedene Beweggründe. Im Großen und Ganzen kann man keine Limits für Gewinne oder Verluste und auch keine Terminlimits im Terminkalender festsetzen. Ein Beispiel ist meine schon genannte Erfahrung mit der Younganleihe.

Ist die allgemeine Zinspolitik mit dem Schicksal der Aktienkurse verbunden?

Selbstverständlich und sehr stark sogar. Nicht umsonst sagten im alten Wien die Spekulanten: »A Sach hat jeder Börsianer gern – schene Weiber und tiefe Zinsen.«

Die größte Konkurrenz zu den Aktien sind die langfristigen Anleihen. Wenn deren Verzinsung zu attraktiv ist, dann werden die großen Geldanleger – die Pensionskassen, Versicherungen, Stiftungen, Rentengesellschaften usw. – Anleihen den Aktien vorziehen, besonders in einer Zeit der Währungsstabilität. Im entgegengesetzten Fall: Ist die Verzinsung der Anleihen niedrig, werden diese Institute eher Aktien kaufen, da eine Hoffnung auf steigende Dividende berechtigt ist. Umso mehr, als die niedrigen Zinsen die Wirtschaft ankurbeln und die Gewinne der Unternehmen verbessern. Dieser Mechanismus zwischen Aktien und Anleihen ist natürlich nur in einer Zeit ohne Inflation möglich. Dann kann die Notenbank die Zinsen heruntersetzen.

Während einer Inflation gibt es zwei Möglichkeiten: Greift die Notenbank ein, um die Inflation zu bekämpfen, erhöht sie die Zinsen, worauf die Kurse der Anleihen fallen. Die Rendite der Anleihen steigt, und sie bilden eine Konkurrenz zu den Aktien. Durch die höheren Zinsen wird auch der Geldmarkt weniger liquid, und es bleibt weniger Geld für den Ankauf von Aktien übrig. Sollte dagegen die Notenbank nicht eingreifen und sollten die Zinsen nicht erhöht werden, dann würde von der Inflation der Aktienmarkt profitieren durch eine immer weiter ansteigende Geldmenge. Kurz und gut: Die Aktien fallen oft in einer Zeit der Inflation nicht wegen der Inflation, sondern wegen der Maßnahmen gegen die Inflation, das heißt: höhere Zinsen und strengere Kreditrestriktionen.

Ist die hohe Zahl der Neuemissionen, das heißt der Gang vieler Gesellschaften zur Börse, ein untrügliches Zeichen dafür, dass die günstige Phase für Aktienanlagen anhält?

Nein, unter keinen Umständen. Im Gegenteil. Während der zahlreichen Neuemissionen, die von den Banken lanciert werden, wird die Börsenstimmung durch die Medien und die Propaganda optimistisch gehalten. Je optimistischer das Klima, desto schneller wird das Publikum die Neuemissionen schlucken. Aber umso heftiger kommt dann die Reaktion, wenn der Optimismus umkippt. Eine Vermehrung von Aktien – durch Neugründungen oder Kapitalerhöhungen – deutet fast immer auf einen späteren, dramatischen Rückschlag hin. Denn plötzlich sind mehr Aktien da als Dummköpfe.

Und diese Rückschläge können manchmal tiefer gehen als erwartet. Aber auch wenn man sie erwartet und überzeugt ist, dass sie kommen, können auch die besten Wirtschaftsexperten nichts dagegen tun. Nur eventuell sehr vorsichtig bremsen oder verlangsamen. Die ganze Kunst der Situation besteht darin, dass man darauf vorbereitet ist und demnach handelt.

Darf ein Spekulant abergläubisch sein?

Ein wenig. Es ist auch leicht zu verstehen, wenn er es ist. Oft stellt er eine These auf, die in jeder Hinsicht logisch ist und mit den sichersten Argumenten unterbaut. Es muss so kommen, denkt er sich, aber nichtsdestoweniger stellt sich dann heraus, dass die Spekulation falsch war. Und dann sagt er sich: Ich habe Pech gehabt. In dem Moment, in dem er Misserfolg mit Pech begründet, ist er schon abergläubisch. Der Aberglaube ist oft mit Instinkt verbunden, und der ist sehr nützlich.

Soll ein Spekulant seine Papiere mit kleinem oder großem Gewinn oder kleinem oder großem Verlust verkaufen?

Der Entschluss, ob man ein Wertpapier verkauft oder nicht, ist von seinem vergangenen Verkaufspreis völlig unabhängig, sondern hängt von dem Urteil über seine künftige Entwicklung ab. Der Spekulant muss ein absolut objektives Urteil fällen. Auch mit Verlust muss verkauft werden, wenn das objektive Urteil dafür spricht. Es ist allgemein bekannt, dass die meisten Anleger mit Verlust nicht verkaufen wollen, weil sie nicht bilanzieren möchten. Solange sie ein Papier nicht verkaufen, müssen sie den Verlust nicht verschmerzen. Diese psychologische Einstellung ist völlig falsch, denn sie verhindert ein objektives Urteil. Bei Gewinn muss eine genauso unabhängige Entscheidung getroffen werden.

Soll ein guter Spekulant zur Börse gehen oder Brokerbüros besuchen, wo man die Kurse am laufenden Band verfolgen kann?

Die Kursschwankungen in jeder Einzelheit zu verfolgen, das laufende Band zu beobachten, wie es die meisten Börsenteilnehmer tun, kann den Spekulanten in seiner nüchternen Überlegung stören und ungünstig beeinflussen. Dies würde aus dem Spekulanten einen Spieler machen. Es genügt, wenn er die Börsenschwankungen nur *grosso modo* verfolgt. Von der Tendenz soll man natürlich Kenntnis nehmen, ob sie etwas mehr oder weniger besser oder etwas mehr oder weniger schlechter ist. Man muss die Börse aus einer gewissen Entfernung beobachten und nicht zu nahe kommen. Nur die Makler und ihre Angestellten müssen immer jeden Kurs kennen, weil sie auf die Fragen ihrer Kunden antworten müssen. Der Spekulant muss einen gewissen Abstand halten.

Ich zum Beispiel habe eine ganz spezielle Methode: Ich kenne die genauen Kurse nie und bestimmt nicht die meiner eigenen Papiere, weil ich mich von den Tagesvariationen nicht beeinflussen lassen will. Ich kenne nur die Stimmung, weiß, wie die Indexe stehen. Ich habe mir ja meine Meinung schon gebildet und warte nun mit Geduld, ob ich Recht bekomme. Vielleicht ja, vielleicht nein. Aber auch wenn die Börse mir inzwischen nicht Recht gibt und ich auch meine Meinung nicht geändert habe, bewahre ich meine Ruhe. Ich weiß, dass das sehr schwierig ist und man viel Training braucht, aber jeder kann sich in eine solche Haltung langsam einüben.

Kann man verlorenes Geld zurückgewinnen?

Verloren ist verloren. Neue Geschäfte können neue Gewinne bringen, sie haben deshalb aber nichts mit der Vergangenheit zu tun. Deswegen lautet mein Spruch: Gewinnen kann man, verlieren kann man, zurückgewinnen nie!

Wie soll sich der Börsianer nach einer erfolgreichen Spekulation verhalten?

Nach seinen Erfolgen – so spektakulär sie auch sein mögen – soll ein Börsianer bescheiden bleiben und auf gar keinen Fall stolz sein; denn sogar der Dümmste kann an der Börse Erfolge haben. Umso mehr, als ja die vielen Dummen die Tendenz machen, und der Dumme ist auch nur ein Molekül der Menge.

Es gibt nur zwei Möglichkeiten: Ein Papier kann steigen oder fallen. Natürlich mit Nuancen und verschiedener Intensität. Wenn man von zwei Möglichkeiten die richtige erwischt, ist dies noch kein Grund, sich etwas einzubilden. Es kann auch eine reine Glückssache sein wie bei jedem Glücksspiel: »Kopf oder Adler.« Wenn man dann neue Ideen hat, muss man auch Hoffnungen haben, aber eine gewisse Skepsis ist immer angebracht, da zu viele Imponderabilien einen Strich durch die Rechnung machen können.

Nach welchen Kriterien soll man die Auswahl der Papiere und überhaupt eine Entscheidung treffen?

Die erste Frage, die man entscheiden muss, ist immer die, ob man überhaupt Papiere kaufen oder das Geld eher in langfristigen Sparguthaben anlegen soll. Wenn man sich zum Kauf entschlossen hat, stellt sich die Frage: Auf welchem Markt? Dann kommt die Überlegung hinzu, in welcher Branche, und zum Schluss die Auswahl eines Unternehmens. Der Zeitpunkt, ob man heute, morgen oder in einer Woche kaufen soll, ist unberechenbar und sollte für den Anleger irrelevant sein, da es sich um eine rein taktische Entscheidung handelt. Für den Anleger hat nur die langfristige Strategie Bedeutung.

Was soll man von der Meinung eines ungeschulten Autodidakten halten?

Ein Autodidakt, auch wenn er ungeschult ist, kann sich eine große Erfahrung erwerben und reagiert oft intuitiv besser auf Ereignisse und komplizierte Probleme als ein geschulter Theoretiker. Der Autodidakt reagiert häufig richtig, ohne zu wissen warum, nur aufgrund seiner Erfahrungen.

Welche Bedeutung soll man der Meinung eines alten, erfahrenen, intelligenten, aber völlig erfolglosen Börsianers beimessen?

Die größte. Denn der Erfolg ist kein Maßstab für die Fachkenntnis und Intelligenz eines Profis. Auch der Erfolglose kann die Börsentendenz und die Chancen gewisser Wertpapiere an der Börse besonders gut beurteilen, er kann Phantasie haben und auch das Risiko abwägen, er selbst kann davon aber vielleicht nicht profitieren, weil er unentschlossen, ängstlich oder nervös und ungeduldig ist und vielleicht in seine eigene Meinung kein Vertrauen hat. Oder ganz einfach, weil er auf die Papiere immer Schulden hatte – der letzte Fall ist der fatalste, denn dann hätte auch Geduld nichts genützt. Der Erfolg hängt sehr oft nicht von der Intelligenz, sondern von den Charakterzügen eines Menschen ab.

Ich spreche aus Erfahrung, da ich schon Dutzende dieser Art in meinem Freundeskreis hatte. Ich denke oft gerührt an einen alten Freund, von dem ich die beste Meinung hatte, von dem ich sogar viel gelernt habe, der aber so schlecht abgeschnitten hat, dass ich ihn in den letzten Jahren seines Lebens unterstützt habe. Abgesehen von den schon erwähnten negativen Charakterzügen, war er auch schrecklich verspielt. Vormittags spielte er an der Börse, nachmittags Rennen, abends Bridge oder Poker und spätabends irgendein Hasardspiel. An der Börse hatte er sehr sinnvolle und glückliche Ideen, aber nach dem ersten Rückschlag verkaufte er sofort die Papiere, teilweise, weil er mit einem überhöhten Kredit gekauft hatte. Trotz seiner Intelligenz und seiner überzeugenden Ideen betrachtete er die Spekulation doch eher als ein Spiel. Und so war er gleichzeitig ein hochintelligenter Spekulant und ein nervöser Spieler.

Ein anderer meiner Freunde, Professor Albert Hahn, ein ganz außerordentlich kluger Mann, bemerkte oft: »Ich gebe nichts auf meine eigene Dummheit.« Vielleicht deswegen, weil er ein Professor der Volkswirtschaft war. Bei ihm war gerade das Misstrauen (gegenüber sich selbst als Professor) sein großes Glück. Und da er diese negative Selbsteinschätzung hatte, spielte er nur theoretisch. Auf dem Papier verkaufte und kaufte er hin und her, als Nervenkitzel war ihm das schon genug, aber praktisch hat er nichts unternommen. Er hatte nur eine langfristige Strategie und investierte in den vierziger Jahren sein ganzes Vermögen in Aktien und machte dann zwanzig Jahre lang nichts. Bei seinem Tode hinterließ er das Dreißigfache seines Einsatzes (heute wäre es das Sechzigfache).

In diesem Falle konnten die Erben feststellen, dass er ein guter Spekulant war, gerade weil er nicht spekulierte. Er war ein erstklassiger Theoretiker und ich ein Praktiker, und deswegen hat er sich eher von mir beraten lassen und seine Theorien nur auf dem Papier durchgespielt. Hätte er mit seinen volkswirtschaftlichen Theorien gespielt, wäre er wahrscheinlich zugrunde gegangen.

Was soll man von Spekulanten halten, die behaupten, immer beim tiefsten Kurs zu kaufen und beim höchsten Kurs zu verkaufen?

Ganz einfach, dass sie Lügner sind.

Was ist für einen Börsenspekulanten am gefährlichsten?

Die halbrichtigen Informationen. Sie sind gefährlicher als die hundertprozentig falschen Informationen, denn eine halbe Wahrheit ist eine ganze Lüge. Falsch informierte Börsianer bleiben in ihrer Überlegung kritisch. Da falsche Informationen oft überraschend und provozierend sind, kontrolliert sie der vorsichtige Spekulant. Das Gefährlichste ist die falsche Interpretation einer richtigen Information, denn sie ist das Resultat einer falschen Überlegung und möglicherweise auch ein Mangel an Kenntnis der Materie. Falsche Interpretation einer falschen Information kann dagegen zu einem guten Ergebnis führen, da negativ mal negativ positiv ergibt.

Muss man über alle Einzelheiten wie Bilanzen, Dividende usw. informiert sein?

Wenn man über die Einzelheiten zu viel weiß, hat man keinen Überblick mehr über das Ganze. Vor lauter Bäumen sieht man den Wald nicht mehr. Man darf wenig wissen, aber muss alles verstehen. Börsenkunde ist das, was übrig bleibt, wenn man alle Einzelheiten schon vergessen hat. In den fünfziger Jahren gab es im amerikanischen Fernsehen eine Serie über die Börse. Unter den Kandidaten waren zum Beispiel eine alte Dame und ein Schuljunge die Gewinner. Sie wussten alles, absolut alles, was man aus Zeitungen, Büchern, Statistiken, kurzum aus allem, was gedruckt war, erfahren konnte. Aber nicht einer von ihnen hatte auch nur den kleinsten Erfolg an der Börse.

Ist es wichtig oder nützlich, vergangene Ereignisse zu analysieren?

Unbedingt wichtig. Wenn man schon die kommenden Ereignisse nicht voraussehen kann, soll man wenigstens die vergangenen verstehen. Es erleichtert künftige Überlegungen. Nach jeder erfolgreichen oder erfolglosen Spekulation soll der Börsianer seinen Erfolg oder Misserfolg analysieren. Warum war die Spekulation richtig, welche Argumente waren gut, und wie viel Glück war noch dabei. Oder in entgegengesetzter Richtung: Warum war die Spekulation falsch, welche Argumente waren falsch, welche Imponderabilien sind dazwischengekommen, wo war die Fehleinschätzung.

Was ist für einen Börsianer am wichtigsten beim Verfolgen der Nachrichten in den Medien?

Alle Nachrichten und Ereignisse sind wichtig. Aus jedem Wort der Politiker kann man irgendeinen Schluss ziehen. Aber das Wichtigste ist, das zu erraten, zu verstehen und richtig zu analysieren, was hinter den Worten, Nachrichten oder Begebenheiten steht, welche Folgen die Ereignisse haben können. Sehr oft muss man auch erkennen können, was verschwiegen wird. Man muss also die Meldungen mit einer gewissen Skepsis entgegennehmen.

Was halten Sie von den Berichten über die Börse in den Zeitungen?

Die Zeitungskommentare über Börsen, deren Tendenz und so weiter sind nichts sagend. Ein amüsanter Text, den ich sehr häufig lesen kann, lautet etwa so: »Die Börse war heute schwächer durch die Verkäufe der Pessimisten, die für die weitere Entwicklung keine große Hoffnung haben. Dagegen waren die Käufer zurückhaltend, weil sie auf schwächere Börsen warten. So mussten die Kurse unter dem Druck der Abgaben und der schlechten Stimmung mehrere Punkte nachgeben.« Aus diesem ganzen Text ist für mich nur das erste Wort von Bedeutung: »Die Börse war heute schwächer.« Alles Übrige ist überflüssig und selbstverständlich. In dem Wort »schwächer« ist alles enthalten.

Welche Bedeutung hat die Dividende, wenn man Papiere kaufen möchte?

Für viele Anleger wie zum Beispiel Pensionskassen, Stiftungen, Versicherungsgesellschaften und so weiter spielt die Dividende eine gewisse Rolle, weil sie eine permanente Einnahme haben müssen. Spekulanten hingegen, die auf weite Sicht planen, verfolgen die Entwicklung des Unternehmens bezüglich der Gewinne und analysieren die weiteren Gewinnchancen, ob sie steigen, fallen oder stagnieren können. Die Höhe der Dividende kann man mit den Zinsen des Kapitalmarktes vergleichen. Ob nun die Rendite höher oder tiefer sein sollte als die feste Verzinsung der langfristigen Anlagen, ist eine offene Frage. Es gab Zeiten, in denen die Anleger von Aktien eine höhere Rendite beanspruchten, als die Zinsen des Kapitalmarktes brachten, mit dem Argument, dass die Dividenden der Aktien für die Zukunft nicht gesichert seien, besonders in einer möglichen Wirtschaftskrise, im Gegensatz zu den Zinsen der Anleihen. Dagegen gab es Zeiten, in denen sich die Anleger mit einer kleineren Rendite der Aktien begnügten, als die Zinsen am Kapitalmarkt waren, da sie am Wachstum teilnehmen wollten und die Entwicklung der Wirtschaft und der Unternehmen optimistisch beurteilten. Sie sahen im Aufrechterhalten der Dividenden kein Risiko, sondern rechneten im Gegenteil mit immer weiter steigenden Dividenden. Diese Erwartung von höheren Gewinnen und Dividenden nennen wir Spekulation. Wenn das Publikum und die Spekulanten bei einer Gesellschaft steigende Gewinne erwarten, vielleicht auch ohne steigende Dividende, kaufen sie in Massen diese Aktien. Wenn sie dagegen die Gefahr fallender Gewinne und sogar Dividenden sehen oder gar Verlust erwarten, verkaufen sie in Massen.

Zwischen den Gewinnen der Unternehmen und der geltenden Zinsen am Kapitalmarkt gibt es keine feste permanente Relation, ebenso nicht zwischen Gewinnen, Dividenden und Kursen. Die Dividenden variieren weniger als die Gewinne und mehr als die Kurse. Auf einem Tiefpunkt der Kurse und der Depression ist die Rendite der Aktien relativ hoch und auf der Spitze einer Aufwärtsbewegung am geringsten. Die Aktien können also auch steigen oder fallen, wenn die Gewinne unverändert bleiben, aber die Zinsen auf dem Kapitalmarkt fallen oder steigen.

Wenn also die Kapitalmarktzinsen im Fallen begriffen sind, zu gleicher Zeit die Gewinne der Unternehmen steigen und alle anderen Einflussfaktoren nicht störend wirken, entsteht die Aufwärtsbewegung. Wenn dagegen die Kapitalmarktzinsen steigen und parallel dazu die Gewinne der Unternehmen fallen, gibt es die große Baisse. So sind diese drei Faktoren: Zinsen, Psychologie und Unternehmensgewinne, für die Börsenentwicklung ausschlaggebend.

Wie verläuft die Kursentwicklung?

Die Kurse entwickeln sich in folgender Weise: Die Börse steht tief, die Kurse sind nach einer vorherigen Aufwärtsbewegung wieder sehr tief gefallen. Der Grund ist, dass die Zinsen gestiegen waren und die Liquidität abgeschöpft wurde. Es gibt weniger verfügbares Geld, um Aktien zu kaufen (der Wasserspiegel in der großen Wanne steht tief), und bei den Anlegern herrscht ein gewisser Pessimismus bezüglich der wirtschaftlichen Entwicklung und der zu erwartenden Gewinne der Unternehmen. Die Papiere, die in der letzten Zeit bei fallenden Kursen von den Zittrigen in die Hände der Hartgesottenen veräußert wurden, liegen jetzt in festen Händen. Wenn nun auf weitere schlechte Nachrichten die Kurse nicht weiter zurückgehen, so ist das ein Beweis dafür, dass die Zittrigen alles ausverkauft haben. Die Hartgesottenen, in deren Händen die Papiere sich jetzt befinden, haben dagegen schon alle negativen Ereignisse ins Kalkül gezogen und auch, dass weitere schlechte Nachrichten eintreffen können. Der Markt kann auf diesem tiefen Niveau eine gewisse Zeit stabil bleiben, abgesehen von einigen kleinen Bewegungen, die ohne große Bedeutung sind. Es können auch Berichte über zurückgehende Gewinne und Dividenden eintreffen. Da sie aber schon vorweggenommen wurden, üben sie keinen Einfluss mehr aus.

Nach einer gewissen Zeit können wieder Nachrichten eintreffen über die Gewinne, die nicht schlechter geworden sind als erwartet, und die Notenbank setzt den Zins auf dem Geldmarkt herunter, um die Wirtschaft, die sich ja auch infolge der hohen Zinsen auf einer Talfahrt befindet, wieder anzukurbeln. Zu gleicher Zeit also wird durch sinkende Zinsen mehr Geld verfügbar, und die Relation zwischen Dividenden und Kapitalmarktzinsen wird für die Aktien günstiger. So kommen die ersten Spekulanten, die härtesten Profis, die Pioniere, die anfangen zu kaufen, natürlich bei schon steigenden Preisen; denn sonst würden die Aktien aus den festen Händen nicht herauskommen.

Zuerst kauft man wenig und langsam, doch bei steigenden Preisen, die dann auch die pessimistische Stimmung mildern, mehr. Dadurch kommen neue Interessenten, die Kurse gehen wiederum etwas in die Höhe, und eine gewisse Kettenreaktion setzt ein: weniger Pessimismus – neue Käufe – höhere Preise – Optimismus – weiter steigende Preise usw. So entwickelt sich die erste Phase einer Aufwärtsbewegung. Dazu trägt auch bei, dass die Preise vorher durch den großen Pessimismus womöglich tiefer gefallen sind als berechtigt. Die Renditen waren bei den niedrigen Preisen zu hoch, und eine Korrektur könnte so aussehen, dass entweder die Dividenden gekürzt werden oder die Kurse steigen. Da sich aber die wirtschaftliche Lage eher verbessert als verschlechtert, setzt ein Kursanstieg ein. So erreichen in der ersten Phase der Bewegung die Preise ein realistischeres Niveau als vorher. Ich nenne dies die erste Phase der Korrektur.

Unter dem Einfluss der fallenden Zinsen wird die Wirtschaft auch angekurbelt, und nun kommen neue Nachrichten über langsam steigende Gewinne. Die Kurse begleiten diese neue optimistischere und auch wirtschaftlich begründete Entwicklung und gehen langsam parallel mit den Ereignissen in die Höhe: fallende Zinsen, steigende Gewinne und dadurch eine viel bessere Stimmung. Dies nenne ich: die Phase der Begleitung. Die Kurse begleiten die Gesamtentwicklung.

Es kommen immer mehr Interessenten, Spekulanten und Spieler in den Markt. Auf einmal wird der Optimismus dank noch weiter fallender Zinsen und noch höherer Gewinne der Unternehmen fast euphorisch. Da springt die Bewegung von der zweiten in die dritte Phase über. Es kommen immer mehr Käufer, die die Kurse weiter in die Höhe treiben. Man sieht überhaupt keine Risiken mehr, es herrscht nur noch ein unbegrenzter Optimismus. Viele riechen den Braten und werden vom Spiel wie die Motten vom Licht angelockt, die Hausse nährt die Hausse. Dies nenne ich die Phase der Übertreibung.

Die Bäume wachsen nicht in den Himmel. Alle Zittrigen sind übersättigt mit Papieren, und wenn sie kein Geld mehr haben, kaufen sie auf Kredit. Da die Liquidität bei den Banken sehr hoch ist, geben diese den Kreditnehmern besonders günstige Bedingungen und stimulieren dadurch neue Käufe. Sie heizen damit die Aufwärtsbewegung an. Außerdem wollen die Banken größere Mengen von Papieren aus ihrem eigenen Bestand abladen.

Die Situation sieht nun folgendermaßen aus: Die Hartgesottenen haben ihre Papiere verkauft, die sich nun bei den Zittrigen befinden. Da eine solche Euphorie inflatorische Wirkung haben kann, wird die Notenbank vorsichtiger und beginnt, die Zinsen in die Höhe zu schrauben und die Liquidität abzuschöpfen. Die Papierbesitzer warten nun auf eine neue Schicht von Käufern, die die Aktien bei höheren Preisen abnehmen würden. Aber als Folge der Geldpolitik der Notenbank ist der Zufluss von frischem Geld gestoppt. Die Kurse steigen nicht weiter, selbst nicht bei guten Nachrichten aus der Wirtschaft (höhere Gewinne und Dividenden). Da einige Spekulanten nicht höher verkaufen können, aber aus dem Markt herauswollen, vielleicht auch Geld brauchen, verkaufen sie – am Anfang nur langsam und wenig – und verusachen dadurch negative Kursreaktionen, weil die Käufer ihr Kauflimit heruntersetzen. Das ist die erste Phase der Abwärtsbewegung. Langsam treffen auch schlechtere Wirtschaftsnachrichten ein (kleinere Gewinne, eventuell auch Dividendenkürzungen), und diese begleiten weiter fallende Kurse. Dies ist die zweite Phase der Abwärtsbewegung. Die fallenden Kurse und die schlechten Nachrichten machen die anderen ängstlich, und die Kettenreaktion, dieses Mal in umgekehrter Richtung, beginnt wieder: Die Kurse sind rückläufig – Angst – Verkäufe, die Kurse fallen weiter, und zum Schluss setzt Panik mit totalem Ausverkauf ein. Dies ist die dritte Phase der Abwärtsbewegung, die Phase der Übertreibung, denn die Kurse fallen unter dem Druck der Massenpsychologie noch tiefer, als es eigentlich berechtigt wäre. Fazit: Die Zittrigen verkaufen niedriger und niedriger, und die Hartgesottenen kaufen.

Je geschickter ein Spekulant ist, desto eher geht er gegen die allgemeine Tendenz. Er beginnt schon in der dritten Phase der Abwärtsbewegung zu kaufen, also gegen den Trend, und kauft sogar noch in der ersten Phase der Aufwärtsbewegung. Dann lässt er die Entwicklung laufen und fängt erst an zu verkaufen, wenn die Aufwärtsbewegung euphorisch wird.

Man muss jedoch immer damit rechnen, dass die dritte Phase der Aufwärtsbewegung am Ende explosiv werden kann. Für viele Spekulanten besteht die große Gefahr darin, zu glauben, mit dem Verkauf einen Irrtum begangen zu haben. Ihr Schmerz ist groß, denn sie rechnen jeden Tag dem versäumten Gewinn nach. Sie entschließen sich dann plötzlich, wieder einzusteigen. Wenn viele von denen, die verkauft hatten, wieder einsteigen, kommt die große Wende. Ein altes Börsengesetz sagt: Wenn die verbissensten Baissiers auf einmal optimistisch werden, ist es das Signal, aus dem Markt herauszugehen. Genau wie umgekehrt: Wenn die leidenschaftlichsten Optimisten auf einmal pessimistisch werden, muss man in den Markt einsteigen. Nach der Analyse dieser drei Phasen in der Auf- und Abwärtsbewegung wird klar, dass man bei der zyklischen Börsenbewegung zu zwei Dritteln gegen die Tendenz und zu einem Drittel mit der Tendenz gehen soll.

Dieses Verhalten ist aber außerordentlich schwer und verlangt äußerste Disziplin. Der größte Teil, also 90 Prozent der Börsenteilnehmer, denkt immer dasselbe, und dadurch ist es für einen Einzelnen sehr schwierig, sich von der allgemeinen Meinung loszureißen. Es ist schwer, Optimist zu sein, wenn alle zu Tode betrübt sind, und genauso schwierig, Pessimist zu sein, wenn alle anderen himmelhoch jauchzen.

Dabei ist der größte Schlüssel zum Erfolg das antizyklische Verhalten. Natürlich nicht immer, denn, wie gesagt, während eines Drittels des Zyklus soll man mit der Stimmung gehen: bei der Aufwärtsbewegung die Kurse laufen lassen und nicht sofort verkaufen, bei der Abwärtsbewegung ebenfalls abwarten und nicht gleich einsteigen, sondern das Gegenteil der Euphorie, nämlich den totalen Ausverkauf, abwarten. Wie lange diese Phasen und zyklischen Bewegungen dauern, lässt sich nicht festlegen. Es hängt davon ab, wie stark der Markt vorher »übergekauft« oder »überverkauft« war, von der Psychologie der Massen sowie zahlreichen anderen Unwägbarkeiten. Nicht nur, dass die Börse mit der Wirtschaftstendenz nicht parallel läuft (manchmal sogar entgegengesetzt), sondern selbst die Tendenz der wirtschaftli-

Der permanente Kreislauf der Börse in der Nussschale

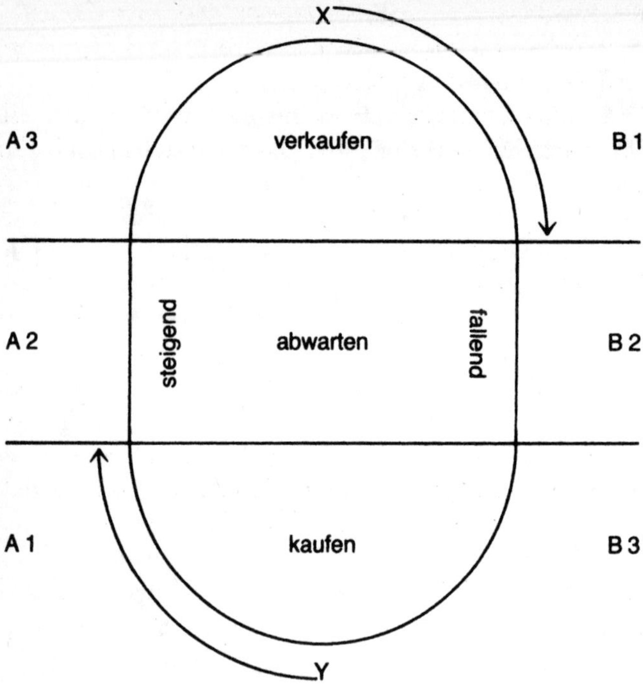

A 1 = Phase der Korrektur (kleiner Umsatz, Zahl der Aktienbesitzer gering)
A 2 = Phase der Begleitung (Umsatz und Zahl der Aktienbesitzer steigend)
A 3 = Phase der Übertreibung (Umsatz wird euphorisch, Zahl der Aktienbesitzer ist hoch, bei X am höchsten)
B 1 = Phase der Korrektur (kleiner Umsatz, Zahl der Aktienbesitzer geht langsam zurück)
B 2 = Phase der Begleitung (Umsatz ist steigend, Zahl der Aktienbesitzer nimmt weiter ab)
B 3 = Phase der Übertreibung (ganz großer Umsatz, Zahl der Aktienbesitzer ist niedrig, bei Y am niedrigsten)

Kaufen in den Phasen A 1 und B 3
Abwarten und Papiere halten in der Phase A 2
Verkaufen in den Phasen A 3 und B 1
Abwarten und Bargeld halten in der Phase B 2

chen Entwicklung ist auf längere Sicht nicht absehbar. Wenn man zum Beispiel heute schon wüsste, dass im nächsten Jahr eine Hochkonjunktur stattfinden wird, dann würde sich schon jetzt jeder darauf einstellen.

Wenn ein Computer mit absoluter Sicherheit feststellen könnte, dass ein Papier nächstes Jahr 100 stehen wird, dann steht es schon heute 99.

Was würden Sie als Anlage vorziehen: Aktien oder Immobilien?

Die Welt der Sparer gleicht einer Demokratie mit Zweiparteiensystem: Die eine Partei ist die der Immobilienanhänger, die andere die der Freunde von Mobilwerten (Aktien oder Anleihen). Es handelt sich fast um zwei verschiedene Bekenntnisse, so tief sind die Prinzipien verankert. Eine jede Partei führt gute Argumente ins Feld, von den Nachteilen der beiden Anlageformen sprechen beide indessen weniger.

Ein Nachteil der Aktienanlage ist, dass der Anleger die Kurse seiner Aktien täglich verfolgen kann und dies zu seinem größten Schaden auch tut. Auch wenn er gar nicht hinsehen will, reiben ihm die Tagespresse, Fernsehen und Radio die Kurse unter die Nase. Ganz zu schweigen davon, dass im Falle eines größeren Rückfalles die Schlagzeilen schon für Information sorgen.

So macht der Sparer – nolens volens – jeden Tag Bilanz, und das reizt zu unüberlegten Entscheidungen. Vergebens kaufte er die Aktien, wie er es behauptet, für seinen Ruhestand oder für seine Enkelkinder – also auf ganz lange Sicht. Sogar wenn er nur eine Aktie besitzt, wird er die Kurse täglich verfolgen.

Bei den Immobilienanlagen besteht diese Spannung nicht. Es gibt da keine sichtbaren Kursschwankungen, die auf den Nerven wie auf den Saiten einer Harfe spielen könnten. Und doch ist der effektive und erzielbare Wert eines Hauses, einer Wohnung oder eines Grundstückes im Laufe der Zeit großen Schwankungen unterworfen. Nur weiß der glückliche Immobilienbesitzer davon nichts. Er schläft ruhig auf seiner Anlage und bilanziert sie in seinem Kopf mindestens zu seinem Kaufpreis, aber fast immer höher aufgrund der Gerüchte und des Klatschs der Nachbarn, die ihre ähnlichen Immobilien immer hoch einschätzen, obwohl es sehr fraglich ist, ob einer zum Beispiel eine Immobilienbeteiligung, die er für 100 000 DM erworben hat, einige Monate später ohne Verlust loswerden könnte. Ganz zu schweigen von den immensen Spesen und Provisionen, die einen großen Prozentsatz ausmachen. Nicht aus dem Kursblatt, sondern in der eigenen Tasche erfährt man dann, was die Anlage tatsächlich wert ist.

Ein Vorteil der Aktienanlage ist die absolute Liquidität. Die Aktien purzeln und klettern, aber jeden Tag können sie an der Börse wieder zu Geld gemacht werden, mal mit Gewinn, mal mit Verlust, aber in jeder Menge liquidierbar.

Vor ca. dreißig Jahren hinterließ nach seinem Tod Baron M. R., damals einer der reichsten Männer Europas, eine Erbschaft von etwa 300 Millionen Pfund Sterling (heute könnten dies nach der Kaufkraft fünf Milliarden DM sein). Ich glaube, der größte Teil davon war in Wertpapieren. Das Liquidieren dieser Menge von Wertpapieren war wahrscheinlich eine Sache von einigen Tagen. Mit dem Abstoßen einer Immobilienanlage muss man sich schon länger gedulden, vor allem, wenn es sich um Wälder oder Felder handelt. Der Aktienbesitzer kann überdies schon mit relativ kleinen Beträgen sein Risiko verringern, indem er eine Palette von verschiedenen Aktien in verschiedenen Ländern kauft. Seine Anlagen kann er international und nach vielen verschiedenen Branchen streuen. Bei Immobilien ist das nur mit ganz hohen Summen möglich.

Das politische Risiko ist bei Immobilienwerten auch relativ größer, denn unter den Wählern gibt es stets mehr Mieter als Hausbesitzer. Welche Regierung möchte nicht eher die Mieter schützen, und dies zum größten Ärger der Hausherren. Fast in allen Ländern der Welt gab es jahrelang und gibt es noch immer einen recht populären Mieterschutz, der jahrelang auf den Immobilienmarkt gedrückt hat. Vor etwa zwanzig Jahren verloren die Konservativen in England bei den Parlamentswahlen, weil sie die Mietkontrolle abgeschafft hatten.

Es ist wahr, dass in den siebziger Jahren Aktienbesitzer heftig gerupft wurden, während Immobilienbesitzer von den stetig steigenden Preisen reichlich profitierten. Das ist jedoch keine Garantie, dass es auch in Zukunft so sein wird. Oft haben in den letzten sechzig Jahren auch Immobilienspekulanten ihr letztes Hemd verloren, in USA, Frankreich, Spanien und sogar in der Schweiz und in der Bundesrepublik. In Deutschland herrschte während vieler Jahre ein außerordentlicher Immobilienboom, teilweise auch infolge des Neuaufbaus eines zerstörten Landes. Das muss aber nicht immer so bleiben.

Trotzdem bin ich der Überzeugung, dass für den kleinen Sparer das erste Gebot für die Geldanlage der Ankauf einer Eigentumswohnung ist, die er selbst bewohnt. Damit hat er seine ersten Ersparnisse inflationssicher angelegt.

Ein weiterer Vorteil der Immobilienanlagen gegenüber dem Aktienbesitz – für den Fall, dass der Ankauf mit Krediten getätigt wurde – ist der, dass die Schuld auf eine Immobilie auf viele Jahre und mit festen Zinsen festgelegt wird, während Kredite auf Aktiendepots täglich kündbar und Zinsschwankungen unterworfen sind.

Was die Anlage größerer Kapitalien betrifft, bleibt die Kontroverse noch offen. Ich bin ein Mann der Börse und optiere daher für die Anlage in Wertpapieren. Wohl kenne ich den französischen Spruch: »Dumm wie ein Aktionär.« Nach den Erfahrungen der letzten Jahre nehme ich mir das Recht, den Spruch zu ändern in: »Clever wie ein Aktionär.«

Was muss der Spekulant nun können?

Der Spekulant sollte eher ein Politologe, Soziologe, Psychologe, Philosoph als ein Betriebswirt oder Wirtschaftsingenieur sein. Ein perfekter Betriebswirt wird wahrscheinlich sein Unternehmen effizient leiten, die Rentabilität der Maschinen, die Aufnahmefähigkeit des Marktes aufs genaueste berechnen. Aber seine Meinung über die Kursentwicklung der Aktien seiner Gesellschaft ist nichts wert.

Auf sehr lange Sicht, auf viele Jahre hinaus ist die technische Analyse des Unternehmens sicherlich wichtig, jedoch ist das Firmenschicksal unzähligen Unwägbarkeiten unterworfen: ausländische Konkurrenz, neue technische Erfindungen, die Reaktion des Publikums auf das Produkt und auch die Reaktion der Anleger gegenüber den Aktien der Gesellschaft. Die Bilanzanalyse eines Unternehmens ist für den Spekulanten nicht mehr als die Röntgenaufnahme des zu behandelnden Patienten für den Arzt. Nicht der Röntgenologe, sondern der Arzt schreibt die Therapie vor.

Eigentlich ähnelt die Rolle des Börsianers der eines Richters: Der Richter war weder bei der Tat dabei, noch ist er ein Waffenexperte. Er verhört die Zeugen, bekommt die Expertise der Sachverständigen, und dann fällt er sein Urteil. Der Spekulant ist kein Fachmann für Elektronik, Luftfahrt, Öl, Eisenbahnen, Computer, Autos oder Chemikalien. Er bekommt das Gutachten des einen, die Analyse des anderen, er wirft einen Blick auf die internationale Politik und die Zinspolitik der Notenbank, und dann fällt er sein Urteil, ob er kaufen oder verkaufen soll. Er ist ein eklektischer Geist oder, wie die Franzosen sagen, ein »touche-à-tout«. Eigentlich gilt für ihn die Regel: Man kann nicht alles gelesen haben, aber man muss wissen, wo es steht.

Der lateinische Spruch »Omnibus parvum, ex tot nihil« gilt für die Börse nicht, im Gegenteil. Derjenige, der von allem ein wenig weiß, versteht von der Börse ziemlich viel. Alles, was Hänschen gelernt, gesehen, gehört oder erlebt hat, nützt dem Spekulanten Hans in seinem Beruf.

Am wichtigsten scheint mir, das Leben selbst zu studieren, man sollte viel reisen, die Welt und ihre Bewohner kennen lernen und sich sogar einen gewissen Zynismus aneignen, um die verschiedensten Spezies dieses zologischen Gartens der Wirtschaftsführer, Bankiers, Finanziers, Makler oder Politiker zu durchschauen. Man muss auch lernen, zwischen den Zeilen zu lesen, wenn es sich um wichtige, einschneidende Erklärungen handelt, denn jede Erklärung, jede Nachricht kann positiv oder negativ interpretiert werden, je nachdem, von wem und mit welcher Motivation sie abgegeben wurde und aus welcher Quelle sie stammt. Die Drahtzieher der Finanzwelt sind schlau, aber der Spekulant muss noch schlauer sein.

Welches Studium ist für einen zukünftigen Spekulanten von Vorteil?

Das beste Studium für den Spekulanten ist die Massenpsychologie (die beste Lektüre dazu ist *Psychologie der Massen* von Le Bon, 1895). Denn der wichtigste Faktor der Börsen- und Wirtschaftsentwicklung ist das Verhalten des Publikums, und dieses kann kein Wirtschaftsingenieur, und sei es mit den modernsten Computern, berechnen.

Und natürlich sollte der Spekulant die wichtigsten Sprachen der Welt beherrschen, in erster Linie Englisch. Einer meiner alten Freunde, ein routinierter und genialer Börsianer, empfand es als großes Handikap, dass er außer Deutsch keine anderen Sprachen sprach und die wichtigsten Texte nicht im Original lesen konnte. Man spürte bei ihm in der ersten Minute, dass er die internationale Presse nicht kannte, und das störte ihn sicherlich auch. Dafür hatte er einen anderen Vorteil: über siebzig Jahre Erfahrung. Das ist natürlich ein Diplom der höchsten aller Hochschulen.

Was muss ein Spekulant alles wissen, um dieses Diplom zu erhalten?

Nichts wissen, aber alles verstehen. Das Börsenwissen ist das, was übrig bleibt, wenn es einem gelungen ist, alles andere zu vergessen: die Bilanzen, die Kurse, die Dividenden, die jährlichen Geschäftsberichte, das ganze Rüstzeug, das man in einer guten Bibliothek und noch viel mehr in einem gut gefütterten Computer findet. Es kommt nicht darauf an, eine lebende Enzyklopädie zu sein, sondern man muss im richtigen Augenblick die vielen Zusammenhänge begreifen können. Man muss eine Art Radargerät haben, das die Wellen auffängt, kurz: Man muss ein Denker sein, immer auf dem Laufenden und global denken, das ist die ideale Einstellung für einen Spekulanten. Er wird mit der Statistik und mit Zahlen oft unpräzise sein, aber für den denkenden Spekulanten ist dies kein Hindernis. Wer die Welt und die Menschen gut kennt, braucht Ideen oder Tipps nicht mit der Laterne zu suchen. Sie kommen schon von selber, so wie bei dem Talmudschüler, der sich rühmt: »Ich hab eine großartige, richtige Antwort gefunden. Jetzt suche ich nur noch die passende Frage dazu.«

Was halten Sie von Optionen?

Diese Frage ist nicht einfach zu beantworten. Denn der Optionsmarkt ist ein Zweiparteiensystem (wie auch die gesamte Börse). Er besteht nicht nur aus Haussiers und Baissiers, denn die zwei Parteien sind wieder gespalten in Optionskäufer und -verkäufer. Jeder Haussier und Baissier kann auch Optionskäufer oder -verkäufer sein (im Börsenjargon Stillhalter oder Schreiber genannt).

Man muss sich also entscheiden, von welcher Partei die Rede ist. Seit über 60 Jahren gehöre ich beiden Parteien an und habe in den zwanziger und dreißiger Jahren viele Millionen Optionen gehandelt – in Paris, Berlin, Zürich und anderen Orten, zu einer Zeit also, in der man in Wall Street nicht einmal wusste, was Optionen sind. Es gab wenige Makler, die sich außerhalb der Börse damit befassten und in der Presse anzeigten, in welchen Papieren – es waren nur einige wenige – sie Optionen veräußern wollten. Diese Makler waren nicht einmal Börsenmitglieder und standen manchmal finanziell auf sehr schwachen Füßen. So kam es für einen wirklichen Börsenprofi kaum in Frage, in Optionen etwas zu unternehmen. In Europa dagegen war das Optionsgeschäft gigantisch. Mal habe ich gewonnen, mal habe ich verloren, aber auf alle Fälle eine große Erfahrung gesammelt.

Der Optionsmarkt ist ein riesiges Spielkasino, das allerdings auf dem Finanzmarkt eine nützliche Funktion erfüllt. Optionshandel fördert die Spekulation und dadurch die Liquidität der Börse. Tausende von Optionskäufern werden Tausende von Geldanlegern veranlassen, auf der Basis dieser Aktien mit Optionen stillzuhalten.

Ich möchte daher für Anfänger eine kleine philosophische Analyse vornehmen:

Der Optionskäufer ist ein Spieler, der Stillhalter (auch Schreiber genannt) ein Kapitalist, ein Wucherer, der die Aktien voll bezahlt, die der Optionskäufer nicht bezahlen kann oder will. Er eröffnet damit dem Spieler die Chance, von einer möglichen heftigen Kursveränderung in relativ kurzer Zeit zu profitieren. Die Schreiber lassen die Spieler quasi auf ihrem Rücken spielen, wofür sie einen bestimmten Betrag, das heißt die Option, kassieren. Der hieß einst trefflich »Reuegeld«, weil die Spieler sehr oft bereuen mussten, Optionen gekauft zu haben.

Jeder, der in klassischen Spielen wie Pferderennen oder Roulette Erfahrung hat, kennt Außenseiter und Favoriten. Die Stillhalter sind wie die Favoriten beim Rennen. Beim Roulette sind sie diejenigen, die so viele Zahlen wie möglich setzen. Das Prinzip ist dasselbe: je größer die Gewinnchancen, desto kleiner der Profit. Je kleiner die Chancen, umso größer der Gewinn. Bei den Aktienoptionen gibt es natürlich kleine Verschiebungen in der Relation von Risiko und Gewinn – abhängig von der Qualität der Aktien. Aber das sind Nuancen, die man erst nach langjährigen Erfahrungen erkennen kann. Die meisten Sparer, die zu diesen Geschäften durch riesige Werbung verführt werden, haben solche Erfahrung nicht.

Oft genug musste ich mit Entsetzen feststellen, dass selbst die Spezialisten, die ihre Ratschläge anbieten, überhaupt keine Erfahrung haben. Die Werbetexte sind praktisch immer betrügerisch; ihre Verfasser versprechen bei »Optionsanlagen« 100 oder sogar 300 Prozent Profit und können das sogar schwarz auf weiß beweisen.

Aber schon das Wort »Anlage« ist betrügerisch; denn eine Option ist keine Anlage, sondern Spielgeld. Am Roulettetisch gesetzt, bringt dieses Geld das Doppelte oder sogar das Sechsunddreißigfache – oder nichts. Es ist daher ein schlechter Scherz, mit 100 Prozent Gewinn zu protzen, wie es auch ein Witz wäre, wenn ein Roulettespieler an einem Nachmittag sein Spielgeld verdreifacht und sich dann damit rühmt. Ich war selbst dabei, als Winston Churchill oder der alte schwedische König Gustav V. in Monte Carlo am Roulettetisch hie und da den großen Treffer landeten. Das Publikum klatschte Beifall, doch nur um den alten Herren eine Freude zu machen.

Man kann natürlich durch Optionskauf groß gewinnen, ja

reich werden, wenn man eine Tendenz im richtigen Moment erwischt – kurz bevor die Aufwärtsbewegung einsetzt.

Die Wahrscheinlichkeitsverteilung ist für den Optionskäufer schlecht und außerdem – und das ist die große Gefahr – zeitbedingt. Unter fünf Fällen wird er viermal verlieren oder umsonst spekulieren und nur im fünften Fall gewinnen; denn die Aktie kann bis zum festgelegten Termin unverändert bleiben, wenig oder stark fallen, wenig steigen, stark steigen.

Treten die vier ersten Fälle ein, wird der Spekulant wissen, warum die Börsianer das verlorene Geld »Reuegeld« nennen. Nur wenn seine Aktie zu dem festgelegten Termin erhebliche Kurssteigerung aufweist, hat sich die Spekulation gelohnt. Ich will niemanden vom Optionskäufen abhalten, als Börsenspekulant wäre ich dafür ja auch ungeeignet. Aber nach einer Statistik der US-Börsenaufsicht verlieren 80 Prozent der Optionskäufer das eingesetzte Geld. Der Sparer verliert alles, wenn die erwartete Kurssteigerung auch nur einen Tag zu spät eintrifft. In diesem Fall hat er zwar in der Tendenz richtig »spekuliert«, aber falsch gespielt. Die Strategie war richtig, die Taktik falsch. Was die Käufer verlieren, kassieren die Stillhalter, die nicht zufällig meist mit den großen Banken und Versicherungen identisch sind. Diese Institutionen besitzen riesige Aktiendepots, auf die sie ununterbrochen Optionen verkaufen. Der größte Stillhalter, erzählt man in Wall Street, sei der Vatikan. Die Praxis lehrt, dass das Stillhalten, wenn es ununterbrochen fortgesetzt wird, für den Stillhalter automatisch eine Rendite von 20 bis 25 Prozent pro Jahr abwirft. Unter automatisch verstehe ich Folgendes: Nachdem der Stillhalter die Option kassiert hatte, die Papiere aber nicht liefern musste, verkauft er sofort eine Option auf den nächsten Termin. Wenn er aber die Papiere seinem Optionskäufer abgeben musste, hat er einen kleinen Gewinn, kauft gleich das Papier zurück und verkauft wieder eine Option darauf. Und das muss er reibungslos, ohne Unterbrechung wiederholen.

Man erzählt, dass in früherer Zeit ein alter jüdischer Börsianer seinen Freund Folgendes fragte: »Woher nehmen die Christen das viele Geld, das sie uns in Optionen bezahlen?«

Das ist lange her, seitdem haben auch die Christen, sogar der Vatikan, das Stillhalten gelernt. Ob eine Option preiswert ist oder nicht, hängt immer von folgenden Komponenten ab: vom Optionstermin (das Wichtigste), vom Optionspreis, vom Börsenkurs der Aktie, vom Kurs, zu dem man die Option abrufen kann, und ganz besonders von der Dynamik der Aktie. Je spekulativer sie ist, umso besser. Das Allerwichtigste ist aber, und das kann ich nicht genügend betonen, sich darüber im Klaren zu sein, dass die Option kein Wertpapier ist, keine Aktie, keine Anlage, sondern nur Spielgeld, quasi ein Lottoschein. Der Käufer kann seinen Einsatz binnen weniger Monate total verlieren. Und wenn er den Optionskauf öfter wiederholt, kann er dabei langsam verbluten. Wer auf dem Optionsmarkt tätig ist, muss jedenfalls genauer wissen, was er tut, als jeder andere Spekulant.

Das Verhältnis von Aktie zu Option kann man ungefähr beschreiben wie das Verhältnis von Rennstallbesitzer zum Wetter beim Pferderennen. Einen Rennstall kann man manchmal sogar als Kapitalanlage betrachten, denn wenn die Pferde gewinnen, bringen sie einen Ertrag. Der Spieler wettet, gewinnt oder verliert mit dem Rennen. Der Stall gewinnt Preise und kann dadurch die Pferde sehr günstig veräußern. Die erzielten Gewinne entsprechen den Dividenden der Aktien.

Ist der Handel mit Optionen auch ohne einen wirklichen Terminmarkt interessant?

Der Handel ohne Terminmarkt ist weniger interessant, weil man gegen *Kaufoptionen* keine Leerverkäufe tätigen kann, obwohl das die Optionen attraktiver machen würde. Stattdessen kann man in den USA und in der Bundesrepublik mit *Verkaufsoptionen* handeln. Derjenige, der eine Verkaufsoption erwirbt, hat das Recht, bis zu einem festgesetzten Termin die Papiere zu liefern bei einem festgelegten Kurs. Also genau dasselbe wie die Kaufoptionen, nur umgekehrt: mit Spielchancen für den Fall, dass der Markt zurückgehen sollte. Die Philosophie ist genau dieselbe wie bei den Kaufoptionen.

Wenn nach einem Börsenkrach alle Symptome für eine Wende sprechen, welche Aktienkategorie sollte man dann kaufen? Die, die sich behauptet haben, die, die wenig oder stärker gefallen sind, oder die, die total zusammengebrochen sind?

Dass sich gewisse Werte behaupten oder sogar fast stabil bleiben konnten, wird gute Gründe haben, die wir nicht kennen. Die völlig zusammengebrochenen Werte waren wahrscheinlich nahezu pleite. Diese bleiben zwar in Gefahr, haben aber die Chancen der größten Preissteigerung, wenn sie doch nicht in Konkurs gehen, was durch die Wende jetzt möglich ist. Daher würde ich eine Mischung aus den beiden machen. Nach jedem Krach gibt es eine Serie solcher Aktien, deren Kurse aufgrund der hohen Zinsen oder vorübergehender betrieblicher Schwierigkeiten vollkommen zusammengebrochen sind. Den Kauf dieser Aktien kann man quasi als Optionskäufe betrachten. Mit ihnen kann man den Einsatz eventuell ebenso verdoppeln oder verdreifachen, wenn die große Wende kommt, aber mit dem Vorteil, dass die Chancen zeitlich nicht begrenzt sind. Der Käufer dieser Aktien kann ausharren, bis der Markt sich wieder dreht – sogar wenn es Jahre dauert, während der Optionskäufer mit seinen wiederholten Optionskäufen längst verblutet ist.

Welchen Einfluss hat die Steuerpolitik einer Regierung auf den Kapitalmarkt, das heißt auf die Börse?

Die Steuerpolitik hat einen gewissen Einfluss, aber im Gegensatz zur Kreditpolitik ist sie als Instrument nicht kurzfristig einsetzbar, weil sie der Zustimmung des Parlaments unterliegt. Während ein Parlament über Steuerpolitik hin und her debattiert – darüber gibt es in allen Ländern zwischen Regierung und Opposition Differenzen –, kann die Inflation weiterlaufen. Wird die Inflation durch allgemeine Steuererhöhung, das heißt durch Abschöpfung von Kaufkraft gedämpft, wird die Börse nicht oder kaum darunter leiden. Dagegen kann die Regierung, das heißt die Notenbank, mit ihrer Geld- und Kreditpolitik jederzeit eingreifen und durch Restriktionen in Form von Verteuerung der Zinsen und Verknappung die Inflation der Geldmenge bekämpfen. In diesem Fall reagiert die Börse sehr bald, manchmal sofort, mit fallenden Kursen. Ich möchte dieses Phänomen durch folgendes Beispiel erläutern: Ein Auto rollt einen Hang hinab und soll gebremst werden. Es gibt zwei Möglichkeiten: a) durch Schaltung in einen niedrigeren Gang – das entspricht der Finanzpolitik in unserem Fall. Der Motor, das heißt die Wirtschaft, wird sich verlangsamen. b) Benützt man die Bremse, das entspricht in unserem Falle der Kreditpolitik, wird der Motor quietschen, und quietschen wird auch die Börse, wenn man die Zinsen erhöht.

Also ist die Inflation ein Baissemoment für die Börse?

Nein. Nicht die Inflation, sondern der Kampf gegen die Inflation und dann wiederum hauptsächlich, wenn er mit der Kreditpolitik geführt wird, zu fallenden Kursen.

Welche anderen Methoden gibt es, die Inflation zu bekämpfen?

Ich sehe keine andere außer einem psychologischen Faktor. Das ist das Vertrauen, das die Bevölkerung in ihre Regierung setzt.

Was sind eigentlich die Ursachen der Inflation?

Es gibt mehrere Gründe. Wenn zum Beispiel die Nachfrage nach Gütern größer ist als das Angebot, treibt das die Preise in die Höhe; die Preise steigen an, wenn die Arbeitnehmer ununterbrochen höhere Löhne fordern, und dadurch die Kosten der Waren steigen. Dies ist umso gefährlicher, da die höheren Preise für die Ware wieder neue Lohnerhöhungen nach sich ziehen. Das nennt sich Lohn-Preis-Spirale. Um diese zu stoppen, muss eine sehr starke Regierung im Amt sein, denn die demokratischen Regierungen neigen sehr oft zur Demagogie und würden nicht gern unpopuläre Gesetze einführen, ohne die man aber diese Spirale nicht stoppen kann.

Der gefährlichste Faktor für die Inflation aber ist die Inflationserwartung. Da entwickelte sich wieder eine psychologisch motivierte Kettenreaktion. Die Preise fangen an zu steigen aus den genannten fundamentalen Gründen, die Bevölkerung wird nervös, besonders in den Ländern, in denen sie verheerende Inflationen schon erlebt hat, die Spekulation greift ein, weil sie weitere Inflation erwartet, und mit ihrer Spekulation auf weitere Inflation treibt sie die Preise noch weiter und untergräbt damit auch das Vertrauen der Sparer.

Was halten Sie im Allgemeinen von Spielsystemen an der Börse?

Diese Frage möchte ich mit einer kleinen Anekdote illustrieren: In Paris gehe ich jeden Tag am Café Fouque's vorbei, einem Treffpunkt von Geschäfts- und Filmleuten, Spekulanten und Künstlern. Mir fiel auf, dass jeden Sonntag ein und dieselbe Tafelrunde von zehn bis zwölf älteren Herren dem Referat eines anderen älteren Herrn bewundernd zuhörte. Inzwischen habe ich erfahren, worum es geht. Der Kreis bestand aus wohlhabenden russisch-polnischen Exunternehmern. Der Dozierende hatte vor einiger Zeit im Laufe von sechs Monaten zweimal hintereinander im Lotto den Haupttreffer gemacht und brachte nun sein »System«, wie man Lotto spielen muss, seinen Jüngern nahe. Diese hörten andächtig und aufmerksam zu und machten sich sogar Notizen. Wie könnte ich diese Szene vergessen, wenn mir die Frage nach »wissenschaftlichen« Spielsystemen gestellt wird. Aber genauso skeptisch stehe ich Prognosen von selbst ernannten Gurus wie Joe Granvill oder Henry Kaufman gegenüber.

Weil Granville einmal einen Rückschlag von dreißig Punkten des Dow-Jones-Indexes vorausgesagt (besser: erraten) hatte, ernannte er sich selbst in marktschreierischer Weise zum unfehlbaren Börsenguru und beanspruchte dafür sogar nicht weniger als den Nobelpreis für Wirtschaftswissenschaft. Dabei hatte er den Rückschlag selbst verursacht, indem er zwanzigtausend bis fünfzigtausend Telegramme an Aktienbesitzer verschickt hatte, in denen er aggressiv den Verkauf aller Aktien empfohlen hat. Wenn Tausende von naiven Sparern plötzlich ihren ganzen Aktienbesitz auf den Markt werfen, können sie leicht einen Rückschlag von 30 Punkten (was nicht einmal mehr als 3 Prozent ausmachte) verursachen. So ist Granville über Nacht der anerkannte Börsenguru geworden, auf den auch Tausende von Börsenspielern in der Bundesrepublik schwören. Ich glaube, seitdem sind diese Granville-Jünger wieder etwas nüchterner geworden; denn derselbe Guru wollte vor einigen Jahren, als der Dow-Jones-Index 750 stand, wieder einmal seine Fähigkeit beweisen und prophezeite mit absoluter Sicherheit, dass der Dow in kürzester Zeit inmitten eines totalen Zusammenbruchs auf 450 fallen würde. »Ich befehle es den Großmüttern [er wollte damit sagen, auch den alten Damen], auf diesen Krach zu spekulieren, der todsicher unvermeidbar ist.« Was dann geschah, ist heute schon Wall-Street-Geschichte: Der Dow Jones ist, statt auf 450 zu fallen, auf 1850 gestiegen, eine spektakuläre Aufwärtsbewegung, wie man sie in der Finanzgeschichte noch nicht erlebt hatte. Das Bemerkenswerte an dieser Angelegenheit ist, dass sich Herr Granville seines Irrtums nicht schämt, sondern weiter mit großem Tamtam Prophezeiungen macht. Der Aufwand, mit dem er vor ein paar Jahren sogar in der Bundesrepublik auftrat, ist peinlich.

In einer öffentlichen Debatte, die ich mit ihm vor der Presse hatte, protzte er höhnisch: »Mister Kostolany behauptet, dass er in hundert Fällen einundfünfzigmal Recht behält und ihm das genügt. Das ist ja ein Spaß. Ich habe unter hundert Fällen hundertmal Recht. Ich sage auch nicht ›Ich glaube‹ oder ›Ich meine‹ – ich sage: ›Ich weiß es!‹« Am interessantesten ist aber, was er mir unter vier Augen gestand: »You know, Mister Kostolany, I am a ham (Schmierenkomödiant)!« Und Hunderttausende von Sparern in der Welt hingen an seinen Lippen.

Wie Joe Granville hat auch Henry Kaufman vor einigen Jahren hie und da eine Entwicklung der Zinsen richtig erwischt. Seit Jahren liegt er jedoch ununterbrochen falsch und prophezeit immer etwas, was schon längst im Gange ist, das heißt, er dreht sich mit dem Wind. Mein Eindruck ist, dass er mit seinen Prophezeiungen den Anleihemarkt beeinflussen will. Irgendeine Gruppe baute mit Millionenwerbung seinen Ruf als »Zinsprophet« auf, damit er mit seinen Erklärungen die Kursentwicklung des Anleihemarkts mindestens auf kurze Sicht beeinflussen kann.

Unter den vielen selbst ernannten Börsengurus gab es auch einen gewissen Kurt Oligmüller, mit dem ich sogar persönliche Erfahrungen machte. Als ich mich einmal über Sterngucker, Börsenalchimisten und ähnliche Gelehrte lustig machte, nahm er meine Kolumne als persönliche Beleidigung, obwohl ich seinen Namen nie erwähnt hatte. Er machte nämlich eine Riesenwerbung für seine neu erfundene Theorie, wie man die Kursentwicklung einer jeden Aktie mit der größten Präzision voraussagen kann. Einige bekannte Journalisten haben ihn für diese Erfindung sogar gefeiert. Er nannte seine Theorie den »Goldenen Schnitt«.

Er schrieb mir einen recht groben Brief, beschimpfte mich und behauptete, dass Joe Granville in seinem kleinen Finger mehr Wissen von der Börse hätte als ich in meinem Kopf. Er forderte mich auf, in meinen Kolumnen nicht alte Börsenanekdoten zu erzählen, sondern genau vorauszusagen, wie irgendeine Aktie in dreißig Tagen stehen wird. Denn die Börse sei eine harte Wissenschaft, schrieb er, die man kennen und studieren müsse.

Seine Theorie endete leider sehr tragisch, da er einige Monate später Selbstmord beging, nachdem er zuvor seine Frau erschossen hatte. In seinem Abschiedsbrief schrieb der arme Mann, er halte noch immer daran fest, dass seine Theorie unfehlbar sei, aber leider habe er nicht mehr die Nerven und die Gesundheit, daran festzuhalten. Er verlor das ihm anvertraute Geld seiner Kunden bis zum letzten Pfennig. Dieser tragische Fall ist der beste Beweis, wie besessen Systemspieler sein können. Ich glaube eher, dass er ein Opfer von Granvilles Prophezeiungen war; denn wie ich erfuhr, hatte er in Chicago auf dem Indexmarkt gespielt, wo er mit dem ganzen ihm zur Verfügung stehenden Geld auf den von Granville vorhergesagten Sturz der New Yorker Börse spekulierte.

Die Liste all dieser Besessenen ist lang und wäre eines neuen Buches würdig. Sie erinnern mich alle zwangsläufig an den Lottopropheten bei Fouque's.

Fazit: Man muss die größte Vorsicht walten lassen und all diesen Wahrsagereien und Prophezeiungen widerstehen. Aber leider vergisst das Publikum schnell, und je größer die Verheißung, umso eher fällt es darauf herein. Die meisten denken, etwas müsse doch daran sein.

Darf man »notleidende Anleihen« kaufen?

Die notleidenden Anleihen bieten einem Spekulanten oft die allergrößte Chance, aber natürlich nur für den Fall, dass der Schuldner, sei es zum Beispiel ein Unternehmen, ein Staat oder eine Gemeinde, wieder ins finanzielle Gleichgewicht kommt, das heißt saniert wird und die Zins- oder Kapitalrückzahlungen wieder aufnimmt. Jeder einzelne Fall muss genau untersucht werden. Gleich nach dem Ersten Weltkrieg und dann nach dem Zweiten Weltkrieg gab es Dutzende von Fällen, in denen man mit notleidenden Anleihen Riesengewinne machen konnte.

Nach dem Zweiten Weltkrieg waren diese Chancen am größten bei den alten deutschen, italienischen und japanischen Anleihen. Abgesehen davon, dass dabei die Frage gestellt werden musste, ob diese Staaten die Zinszahlungen wieder aufnehmen werden, die sie während des Krieges eingestellt hatten, gab es Dutzende von Fragen, die geklärt werden mussten: Wer war zum Beispiel in dem Land der Schuldner – der Staat, die Länder, Kommunen, Körperschaften oder Privatunternehmer? In der Bundesrepublik erhob sich die Frage, ob sich der Schuldner in Ostdeutschland oder in der Bundesrepublik befand, in welcher Währung und welchen Ländern die Anleihen ausgegeben worden waren und ob Spezialgarantien auf die Schulden verbrieft waren. Oft waren sie mit Gold oder anderen Garantien versehen.

Den größten und spektakulärsten Kursgewinn machte die

deutsche 5 ½-prozentige Younganleihe, die von einem Kurs von 250 Franc im Jahre 1946 (für eine Nominale von 1 000 Franc) in vier Jahren bis zu 35 000 Franc stieg. Zu diesem Preis löste die Bundesrepublik sie wieder ein.

Welche Bedeutung messen Sie der Preis-Gewinn-Relation bei Aktien bei?

Die Preis-Gewinn-Relation ist der einzige Maßstab, mit dem man sich zumindest eine kleine Idee vom Wert einer Aktie machen kann. Sie dient auch zum Vergleich von zwei Werten derselben Branche und desselben Landes. Hat zum Beispiel in der US-Stahlindustrie zwischen zwei wirtschaftlich vergleichbaren Unternehmen das eine eine Relation 1:10 und das andere 1:20, so kann man daraus schließen, dass die erste billiger ist als die zweite. Doch muss es sich dabei um wirklich vergleichbare Unternehmen handeln, und sogar das will nichts bedeuten; denn diese Diskrepanz kann aus verschiedenen technischen Gründen noch jahrelang erhalten bleiben. Es gibt so viele verschiedene Einflussfaktoren, Motivationen und Nuancen bei jeder einzelnen Aktie, dass man mit keinem Automatismus rechnen darf. Es gibt sowieso keine Automatismen an der Börse.

Die Einschätzung einer Preis-Gewinn-Relation, ob sie nun zu hoch oder zu tief ist, hängt hauptsächlich von zwei Faktoren ab: der allgemeinen Rendite des Kapitalmarktes und natürlich der psychologischen Einstellung des Publikums. So kann es vorkommen, dass derselbe Analytiker dieselbe Preis-Gewinn-Relation für ein und dieselbe Aktie einmal als zu hoch, einige Jahre später jedoch als zu tief einschätzt.

Ein interessantes Beispiel ist die IBM-Aktie. In der euphorischen Wall-Street-Phase der siebziger Jahre stand die Aktie 1:40 (Preis-Gewinn).

Die Relation war so hoch, da die allgemeine Meinung über

die Qualität von IBM äußerst positiv war. Man rechnete mit von Jahr zu Jahr permanent steigenden Gewinnen von 10 Prozent. Die fundamentalen Voraussagen für IBM waren richtig: Die Gewinnentwicklung verlief wie erwartet. Nichtsdestoweniger lag sie einige Jahre später bei einer Preis-Gewinn-Relation von 1:7. Dies war eingetreten, weil erstens die Rendite des Kapitalmarktes äußerst hoch, bei 17 bis 18, sogar bei 20 Prozent war und zweitens die psychologische Einstellung des Publikums sich äußerst pessimistisch entwickelt hatte. Bei 40 war die Aktie vielleicht über-, bei 7 sicher unterschätzt.

Die Aufgabe eines guten Spekulanten ist also, den Übertreibungen keinen Glauben zu schenken und sich gegen den Konsensus zu richten. An der Börse bekommt ja fast immer nur eine Minderheit Recht, und die Mehrheit irrt.

Kostolanys Test

Mit dem folgenden Test können Sie feststellen, ob Sie Ihr Geld lieber in festverzinslichen Papieren anlegen sollten oder ob Sie sich zum Spekulanten eignen. Beantworten Sie die folgenden Fragen spontan und zählen Sie zusammen, wieviel a- beziehungsweise b-Antworten sie gesammelt haben. Die Auswertung folgt unten.

Kostolanys Fragen.

1. Planen Sie Ihre großen Ferien
   a) schon Monate im Voraus oder
   b) erst kurz davor?
2. Die Ampel ist rot, aber es kommt kein Auto.
   a) Warten Sie auf Grün, oder
   b) gehen Sie bei Rot?
3. Sind Sie
   a) eher morgens oder
   b) meist abends guter Stimmung?
4. Auf Ihrem Teller liegt ein besonderer Leckerbissen.
   a) Lassen Sie ihn bis zum Schluss, oder
   b) fangen Sie damit an?
5. Wählen Sie Bilder hauptsächlich
   a) nach ihrem Anlagewert oder
   b) nach Ihrem Geschmack aus?
6. Sie besuchen ein fremdes Land zum ersten Mal. Gehen Sie
   a) in ein von Kennern empfohlenes deutsches Restaurant oder
   b) in ein unbekanntes einheimisches?
7. Bringen Sie Ihrer Frau aus Paris
   a) das bestellte Lieblingsparfüm oder

b) eine neue Marke mit, die gerade »in« ist und die Sie mögen?

8. Wenn Sie im Flugzeug einen Platz suchen – achten Sie dann

a) auf Sicherheit und Bequemlichkeit oder

b) auf die Nachbar(inne)n?

9. Was spielen Sie beim Roulette (oder was würden Sie spielen, wenn man Sie verführt) –

a) gleiche Chancen oder

b) eine Zahl?

10. Worauf achten Sie bei der Wohnungssuche mehr,

a) auf den Schnitt der Wohnung oder

b) auf die Umgebung?

11. Auf dem Wege zum Krimifilm erfahren Sie, wer der Mörder ist.

a) Gehen Sie trotzdem noch in den Film, oder

b) lassen Sie es bleiben?

12. Ihre Firma wechselt das Domizil. Sie sollen in eine andere Stadt mitziehen.

a) Stört es Sie grundsätzlich, oder

b) erwarten Sie frohgemut den Umzug?

13. Möchten Sie, dass Ihre Frau

a) als Hausfrau zu Hause bleibt oder

b) dass sie arbeitet?

14. Welche Konstellation ist nach Ihrer Meinung für das Familienleben besser:

a) Der Mann achtet aufs Budget, die Frau ist etwas großzügiger, oder

b) der Mann hat im Geldausgeben die leichtere Hand, während die Frau auf Sparsamkeit achtet?

Auswertung

11–14 a-Punkte: Sicherheit geht Ihnen über alles. In der Ungewissheit sehen Sie weniger den Reiz des Neuen als das

Beunruhigende. Wenn Sie Geld verdienen, so ist Ihre größte Sorge, es zusammenzuhalten. Ihre Anlagestrategie sollte also genau vorhersehbare Resultate bringen: Halten Sie Ihre Notgroschen auf dem Bankkonto, erkundigen Sie sich bei Ihrer Bank über Anlagemöglichkeiten in Festgeldern und lassen Sie sich die Kurzläufer unter den Rentenpapieren empfehlen.

6–10 a-Punkte: Sie sind Abenteuern nicht abgeneigt, doch brauchen Sie dabei ein Grundpolster an Sicherheit. Ich möchte Sie als »Sparer mit kalkuliertem Risiko« charakterisieren (wobei Ihre Risikobereitschaft mit dem Annähern der 10-Punkte-Marke abnimmt). Für Sie gibt es die mittelfristigen Anleihen mit hohen Zinsen, die ertragreicheren Rentenpapiere und die »Blue Chips« unter den Aktien, die Sie aber sehr breit (aus vielen Ländern) gestreut kaufen sollten.

0–5 a-Punkte: Sie sind der typische Spekulant. Sie müssen mit Ihren Mitteln beweglich sein, das heißt: Für Sie gibt es keine Anlage auf längere Termine. Sie müssen die Börse und alles, was in der Welt passiert, ständig verfolgen und sofort reagieren; manchmal halten Sie sehr viele Papiere, zu anderen Zeiten wieder gar keine, dafür warten Sie auf den richtigen Zeitpunkt. Sie sind kein Anleger – sondern eben ein Spekulant. Falls Sie das nicht durchhalten können (weil Sie möglicherweise dazu keine Zeit haben), dann tragen Sie Ihr Vermögen lieber auf Ihr Sparkonto.

Kostolanys Kommentar.

1) Die Improvisationskunst ist eine der wichtigsten Eigenschaften des Spekulanten.

2) Wer sich bereits vor jedem Risiko fürchtet, soll die Börse und alle Aktien meiden.

3) Der Morgenmensch, der gleich voll aufdreht und bis zum späten Nachmittag sein Fitnesspotential aufgebraucht hat, rechnet mit einem Routinetag ohne größere Überraschungen, wie er es auch von seinem Sparkonto erwartet.

4) Genießen Sie, solange Sie hungrig sind; wer sparsam seinen Leckerbissen aufhebt, der will auch das Sicherheitsgefühl haben, dass er die Früchte seines Kapitals – die Zinsen – am Ende auf jeden Fall erhält.

5) Der Romantiker kauft sündhaft teure Bilder nur zu seinem Vergnügen – er darf spekulieren.

6) Im exotischen Restaurant wartet die Überraschung, die den Spekulanten freut – auch wenn sie unangenehm sein kann.

7) Wenn Sie nicht mal wagen, Ihrer Frau ein neues Parfüm mitzubringen – was wollen Sie dann an der Börse, wo es um Ihr Geld geht?

8) Der Spekulantentyp übersieht kleinere Risiken oder Unbequemlichkeiten in der Hoffnung auf eine neue, interessante Bekanntschaft.

9) Wer schon am Roulettetisch steht und nicht einmal zwei oder fünf Mark verspielen mag, der soll nur fleißig weitersparen.

10) Der Spekulant achtet weniger auf das Naheliegende, Praktische; er möchte eine schöne Aussicht haben.

11) Ein Krimi ohne Spannung interessiert den Spekulanten nicht mehr. Der Sparer weiß hingegen stets genau, was ihn erwartet: Zinsen. Ihn stört es nicht, wenn er die Zukunft vorher kennt.

12) Spekulanten lassen sich so leicht nicht beunruhigen. Veränderungen sind sie ja gewohnt.

13) Wer nicht mag, dass seine Frau aushäusig ist, dem geht die Bequemlichkeit über alles; die Börse aber ist unbequem.

14) Natürlich weiß der Spekulant, dass man vernünftigerweise sparsam wirtschaften muss – aber er überlässt es gerne anderen.

Ob man Telekom-Aktien kauft oder einen Sparbrief – jeder, der mit Geld umgeht, und erst recht jeder Anleger, muß wissen, wie er die Medien zu seinem Vorteil nutzt. Den Wirtschaftsteil der Tageszeitung kritisch lesen, Fernsehmagazine wie Wiso & Co verstehen, das Internet nutzen und Hintergrundberichte richtig einschätzen – Thomas Hammer zeigt, wie's geht und wie man für seine Geldanlagen und Finanzierungspläne davon profitiert.

Denn richtig verstandene Informationen sind die Grundlage für sichere Entscheidungen. Und sie machen unabhängig von Bankberatern, die in erster Linie ihre eigenen Interessen im Auge haben.

Mit zahlreichen Beispielen und konkreten Tips.

Thomas Hammer

Wirtschaftsinformationen nutzen wie ein Profi

Originalausgabe

Econ | Ullstein | List